智元微库
OPEN MIND

成长也是一种美好

科学的根拠に基づく
最高の勉強法

科学的
自学成才法

［日］安川康介 著 / 王婷锐 译

上瘾式
学习

人民邮电出版社
北京

图书在版编目（CIP）数据

上瘾式学习：科学的自学成才法／（日）安川康介
著；王娉锐译. -- 北京：人民邮电出版社，2025.
ISBN 978-7-115-66210-1

Ⅰ．G791

中国国家版本馆 CIP 数据核字第 2025M1K547 号

◆　　著　　[日] 安川康介
　　　　译　　王娉锐
　　责任编辑　　林飞翔
　　责任印制　　周昇亮

◆人民邮电出版社出版发行　　北京市丰台区成寿寺路 11 号
　邮编 100164　　电子邮件 315@ptpress.com.cn
　网址 https://www.ptpress.com.cn
　天津千鹤文化传播有限公司印刷

◆开本：880×1230　1/32
　印张：6.75　　　　　　　　　　　2025 年 4 月第 1 版
　字数：150 千字　　　　　　　　2025 年 11 月天津第 6 次印刷
　　　　著作权合同登记号　图字：01-2024-5489 号

定　价：49.80 元

读者服务热线：（010）67630125　印装质量热线：（010）81055316
反盗版热线：（010）81055315

前 言

你好，我是安川康介。

非常感谢你阅读这本书。

我写作本书的初衷，是让你能够了解并实践"有科学依据的高效学习法"，并且能因此过上令自己更满意的生活。所谓"有科学依据"，意味着这些学习方法建立在心理学和脑科学的客观研究证据之上，而非基于个人经验或传统方式。

另外，本书不仅适合正在备考的人阅读，也适用于所有学习者。假如你要学习一门新语言，提升你的职业能力，自学一些自己喜欢的东西，阅读或收集信息等，书中的学习方法也会对你有帮助。

◎ 何谓"学习"

我们常常听到"学习"二字，比如家长会对孩子说"去学习吧"，朋友之间聊天时会说"我得努力学习了，还得准备资格考试"。我们好像非常明白"学习"到底是什么。

不过，仔细思考一下，"学习"这个行为其实相当复杂。什么是学习呢？它不仅仅指获取新信息的外在行为，比如阅读、听讲座、做笔记等。深入观察信息在大脑中的处理过程，我们会发现，"学习"这一行为存在极大的个体差异——大脑处理输入信息的方式，以及进一步加工信息的效率与方法，往往因人而异。

"学习"的具体过程，其实类似于黑箱操作，很少有人能用语言清晰地描述出来。因此，我们常常会将学习行为量化为时间、页数和题目数量等容易理解的指标，比如"学了1小时""看了20页""做了50道题"等。

然而，如果将"学习"视为一种简单的行为，就可能出现这样的情况：假如一群人在同样的时间段（例如一周）内学习相同的内容，然后让他们参加考试，那么分数高的人可能会被认为"很聪明"，而分数低的人则可能被认为"不够聪明"。但实际上，这样的判断并不恰当，我们需要提高对"学习的分辨率"。

◎ 哪些过程更有效，哪些过程不够有效

在学习中，哪些过程对形成长期记忆更加有效，哪些则效果不佳呢？我们人类对此已经研究了百年之久，并留下了丰厚的研究成果。研究表明，我们直觉上认为有效的学习方法并不一定真正高效。尽管到了现代，我们已经积累了不少关于学习方法的科学见解，但这些信息并未被社会广泛共享，也没有在实际教育中得到普及。在当今的义务教育中，我们学到了该学的知识，却没怎么听说过"有科学依据的高效学习法"，这实在令人费解。

◎ 让我通过美国医生执照考试并排在前 1% 的学习方法

现在，我作为一名医生，在美国医院里与形形色色的人打交道，不仅进行日常诊疗，还会对医学生和实习医生开展医学教育。

回首过去，从我还在日本时就决定成为一名医生，到成为美国的临床医生，再到从事医疗工作，我已经在学习上花费了相当长的时间。在人生有限的时间内，我有许多想做和必须做的事情，因此我一直在思考如何更高效地学习。

上高中时，我热衷于玩橄榄球和进行喜剧表演，而且学习成绩也一直保持在年级第一名。我从庆应义塾大学医学部毕业时，成绩排在年级第八名。在医学部就读的最后一学年里，我过得相当忙碌，不仅要去科室实习，还要走访日本各地的医院，并在暑假期间奔赴美国医院实习。为此，我专门学习了英语，并进行了各项准备。在最后一学年的后半段，我决定在毕业前参加高难度的美国执业医师资格考试并开始正式备考。

　　作为日本人，我想被美国医院录用，不仅要通过美国医生执照考试，还必须在考试中取得高分。来自世界各地的许多优秀医生都希望在美国医院得到一份工作，特别是大学附属医院的住院医师培训岗位。由于美国大学附属医院的岗位大多被从美国医学院毕业的医生所占据，数千名外国医生不得不为那些屈指可数的岗位展开激烈的竞争，因此这可谓"千军万马过独木桥"。

　　在我尚未毕业，距离参加日本医生执照考试大概还有两个月的时候，庆应义塾大学医学部安排了科室实习。因此，我能够用来准备两个国家的医生执照考试的时间相当有限。我一直将挤出的学习时间平均分配给两场考试，直到日本医生执照考试开考前两周。其间，我翻阅了日文和英文的各几千页教材，并背下了包含数千道题的题库。在日本医生执照考试结束后，我继续准备美国医生执照考试，并在毕业典礼的前一天参加了其长达 8 小时的考试。最终，我以排名前1%的高分顺利通过了美国医生执照考试。

当时有很多外国医生在网络论坛上分享关于美国医生执照考试和留学的信息，来自世界各地的医生纷纷晒出他们的考试分数，但没有其他外国医生的分数比我更高。

我将在本书中介绍我当时采用的学习方法。

◎ 人人都能立刻实践

在申请美国明尼苏达大学医院培训的约 2000 名外国医生中，仅有几十人进入面试，而我由于在美国医生执照考试中取得了高分，有幸位列其中。这几十人会被进一步筛选、淘汰，最终只有几名外国医生被录用。

通常情况下，在面试结束后，医院和培训申请者会各自提交一份名单，随后计算机算法会对双方进行匹配，决定最终录用结果。虽然申请者通常需要走这个匹配流程，但我在面试中给面试官留下了深刻的印象，他们当场就给我发了工作邀请，我梦寐以求的留学梦想就此实现。

来到美国后，我在医院担任临床医生，工作之余，还会经常承担大部分家务和育儿工作；与此同时，对许多考试（如内科专科医生考试、美国传染病专科医生考试、重症照顾超声心动图能力考试等），我都以前 1%～10% 的成绩通过了。

写到这里，你可能会认为我智力超群，或者我有惊人的记忆力。很遗憾，我的头脑算不上特别优秀；记忆力原本也不是很强，有时我甚至会为此感到焦虑。我能够小有所成的一个重要原因是，我的学习方法是高效的，也得到了科学研究的证实。不过，我最初并不知道这一点。我在后来阅读了关于学习的文献后才恍然大悟，感叹原来如此。

本书所阐述的学习方法，人人都可以立刻实践，且行之有效。

◎ 对自己的学习方法充满信心

我不时在油管（YouTube）上发布与医学相关的信息（截至 2024 年 1 月，频道订阅人数约 14 万）。我希望"有科学依据的高效学习法"能够广为人知，因此在 2023 年上传了视频，介绍了一些我所采用的高效的学习方法。这一视频播放量已超过 298 万次，反响远超我的预期。

- 这个视频助我朝着目标前进。

- 年过半百，我终于上了大学，但真的记不住东西，还好看到了这个视频。我会加油的。

- 要是我小时候就知道这些该多好。

- 我多希望自己在上初中时就看到了这个视频。

- 这让我对自己的学习方法充满了信心。

观众们的热心评论，就是我写作本书的动力之源。

在这本书中，我将尽可能列举我所了解的、科学且有效的学习方法的精髓。我不是要分享只有我会用又碰巧使用成功的学习方法，那样实在傲慢自大；我只是想推荐一些学习方法，告诉大家"这样学习似乎更有效，来试一下吧"。

在第 1 章中，我将介绍经科学研究证明不够有效的学习方法。如果想提高学习效率，那么你应该先了解相对低效的学习方法，少在上面花时间，并以高效的学习方法取而代之。很多人使用的低效学习方法包括反复阅读，将学习资料抄写或总结到笔记上，等等。

在第 2 章中，我将介绍一些被科学研究证明为高效的学习方法，同时以一些代表性的文献为依据来进行详细解释。我还会具体介绍我是如何在实际学习中使用这些方法的。我写作本书的目的不仅在于介绍知识，更重要的是为读者的生活带来一些积极的变化。因此，我们将通过书中内容，一同探讨如何在日常生活和学习中实践这些高效的学习方法。

在第 3 章中，我将介绍人类在古代发明的记忆术，许多"世界级记忆力大赛选手"至今仍在使用它们。我会通过数字、英语单词等不同的例子来讲解它们。这些记忆术特别适用于记忆难记的信息，可以使记忆过程变得更有趣。讲解记忆术的书已有很多，在本书中，我将尽量以学习中用到的信息为例，介绍自己是如何应用记忆术的，并说明在常见的学习情景中使用记忆术的关键点与注意事项。

在第 4 章中，我将介绍一些学术关键词，并解释提高学习动机的方法。这一章介绍的自我决定理论等理论框架，不仅有助于我们理解学习动机，还对我们解读工作、健康等各大领域中的动机有所帮助。在"学习的窍门"中，我加入了其他部分未涵盖的、对学习有帮助的信息，例如好奇心对记忆的重要性。第 4 章的后半部分，将介绍在提升记忆力方面极为重要的睡眠与运动，以及相关的科学依据。

市面上讲解学习方法的图书比比皆是，而为了高效地学习新知识，我们需要深入了解应当选择什么样的学习方法。对此我尽可能梳理关键点，并用通俗易懂的文字进行阐述。义务教育中几乎从未教授"大脑的使用方法"，而我希望能让更多人了解它。

对于学习方法，我希望将其挖掘到令人"深刻领会"的层面，而不仅仅停留在"有所了解"上。我写作本书的目的正基于此，希望这本书对所有学习者及教育者有所帮助。

安川康介

目录

第 1 章
不够科学有效的学习方法

1. 反复阅读（重读）
2. 抄写或总结到笔记上
3. 高亮标记和画线
4. 根据喜欢的学习风格来找方法

1
反复阅读（重读）

在讨论高效的学习方法之前，我想先谈谈许多人正在使用的相对低效的学习方法。即使你善于学习，也可以通过思考自己为什么能比周围人学得好来进一步提高学习效率。如果你花费了相当多的时间学习，却总是记不住知识点，考试分数也不高，那么你可以反思一下是否主要使用了下列方法。

我们先要反思的学习方法叫反复阅读（重读）。

很多人可能听说过这样一个观点：书和教材最好反复阅读。反复阅读，也就是"重读"，可以说是最常见的学习方法之一。

美国某知名大学对学生进行的一项调查显示，84% 的受访学生将重读笔记和教材当作他们的备考方法[1]。而且，超过一半（54.8%）的学生认为，重读是最重要的学习方法。

那么，重读真的是一种高效的学习方法吗？结论是，与本书所推荐的其他学习方法相比，单纯地反复阅读的效果并不好。

相关研究

在一项对美国科罗拉多大学学生进行的研究中，学生们被分成两组，一组学生多次阅读一篇文章，另一组学生则不重读文章。两天后，他们参加了一个回忆文章内容的考试和一个简答形式的测试。结果显示，多次阅读文章的学生和只读一遍文章的学生在考试成绩上没有显著性差异（统计学上对数据差异的评价）[2]。

在另一项研究中，学生们被分成两组，一组重读教材或科学杂志上的不同文章（内容涉及学生们熟悉和不熟悉的话题），另一组则只读一次。随后，学生们当场完成了多项选择题和简答题等测试，一天后又参加了一次测试。结果表明，无论是在当场进行的测试中，还是在一天后进行的测试中，两组学生的正确率几乎没有显著差异，这进一步证实了重读并没有带来显著的学习效果[3]。

这里要补充说明一点：有多项研究报告指出，与只读一次相比，重读对于加强**短期**记忆效果更佳 [2][4][5]。例如，在一项针对 155 名高中生和大学生的研究中，参与者在多次阅读文章后立即完成填空题。结果显示，读两遍文章的学生比只读一遍学生的正确率更高 [4]。然而，读四遍的学生与读两遍的学生相比，得分几乎没有差异。因此，在极短暂的时间内，重读或许会产生一些效果，但如果学习的目的是更长久地获取知识，那么这种方法并不是很有效。

此外，重读的学习效果还会受到间隔时间的影响。研究表明，比起在同一天内连续、反复地阅读，间隔数日到一周再进行重读能让记忆更持久 [2][5]。这种方法与"分散学习"有关，被认为具有较好的学习效果，我们将在后面的内容中对此进行深入讨论。

重读的学习效果不佳的原因之一是，在第二次阅读同一篇文章时，读者已经熟悉文章脉络，可以流畅地阅读，于是容易产生"我已经理解"的错觉，很难对信息进行深度处理，比如读者很难更深入地理解并记忆这些内容 [3]。这种心理现象，被称为**"熟练度错觉"** [6]。

> **问题：**什么是熟练度错觉？

在学习过程中，我们必须警惕熟练度错觉。我们的大脑有时会高估自己的知识量与对知识的熟练度，实际上我们并没有真正记住或深刻理解这些知识。许多人可能都有过这样的经历：翻阅英文单词卡时，看到一排熟悉的单词，自己会感觉大概记住了它们的意思和用法；当回顾课堂笔记时，因为熟悉它，就觉得已经记住和理解了笔记上的内容。

有效学习的关键在于给大脑适当地增加负荷。在学习领域，这被称为"**必要难度**"[7]。本书后半部分介绍的有效学习方法，就是创造必要难度的方法。

◎ 重读的作用有限

美国肯特州立大学心理学系的邓洛斯基教授等人，调查了大量关于学习方法的既往研究，并总结出一份著名的报告[5]，其中也有对"重读"这一方法的评价。不过在介绍其评价之前，我想先简要说明一下这份报告的内容，本书也将在后文中多次引用它。

这份报告选取了相对容易实践的学习方法，从以下四个方面评价其有效性。

- 学习内容：这种学习方法，是否适用于单词、数学以及文献、讲义等多方面的学习内容？

- 学生特征：这种学习方法，是否适合年龄、能力、基础知识等特征各异的学习者？

- 学习情况：例如，在什么样的情况下应用这种学习方法，需要应用几次？

- 评价标准：使用哪种测试方法来检验这种学习方法的效果？是否不仅通过记忆类问题，还通过理解与应用类问题进行了检验？

本书将主要聚焦这份报告中的"有效性高"或"有效性中等"的科学高效的学习方法，并对它们进行详细解读。

◎ 认知过程的六个阶段

值得一提的是，我在自己的油管上介绍了一些学习方法后，收到了这样一条评论："这是要培养一批记忆机器吗？"

对此，我可以明确地回答"不是的"。既然教育学领域有所谓的"教育目标分类"，那么学习的认知过程想必也可以分为几个阶段。

由教育心理学家布鲁姆等人开发的"布鲁姆教育目标分类法（修订版）"，将认知过程分为从低层次到高层次的六个阶段[8][9]，如图 1-1 所示。

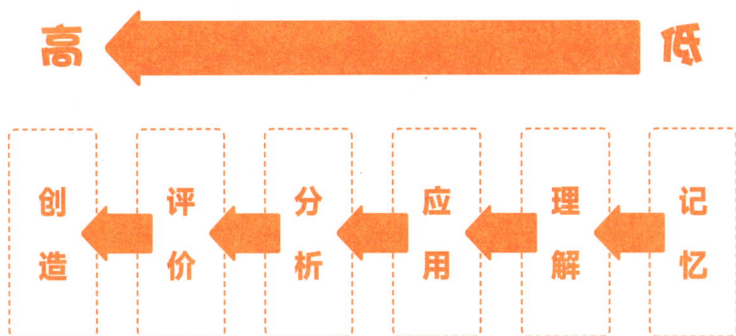

高 ← 低

创造 ← 评价 ← 分析 ← 应用 ← 理解 ← 记忆

图 1-1　认知过程的六个阶段

在通过科学研究检验学习方法的效果时，研究者不会忽视任何认知阶段，因此不仅会考察参与者"是否将内容一字不落地记住了"，还会考察他们是否理解了这些知识以及能否应用这些知识。邓洛斯基教授等人在报告中评价学习方法的有效性时，也充分重视了这一点。

◎ 记得住是学习的前提

尽管有人说背东西不重要，但记忆是学习的基础，如果不能记住新信息，就无从理解和应用。要记住新信息，往往需要将其与自己过去积累的知识相互关联。可是完全不理解新信息就想记住它谈何容易。因此，可以说"记忆"与后续阶段的"理解"等认知过程，是以复杂的形式交织在一起的。

让我们回归正题。关于重读，邓洛斯基等人的报告作出了如下评价：

"基于现有的科学依据，我们认为重读的有效性较低。"

原因包括除大学生群体，其他群体使用重读未见显著效果；重读与加深理解之间无明显关系；最重要的一点是，与后面提到的其他学习方法相比，重读的效率较低。如果你花费了大量时间反复阅读教材、参考书和英语单词书，却仍然记不住多少内容，考试成绩也没有提高，那么就要多多留心了。

当然，在阅读时，大脑处理信息的方式是因人而异的。有的人会将"精细提问"或"自我解释"（后面会详细解释）等更费脑力的方法加入重读，以加深记忆、提升理解力，这样一来就会产生不同的效果。

回顾自己的学习过程，我并没有一味地反复阅读教材或资料，更没有反复通读全书。其中一个原因是，医学的信息量和教材的篇幅都非常庞大。

当所学领域的知识文本量增加或难度加大时，反复阅读是相当费时间的。我在为考试复习，特别是追求高分时，会先通读一遍教材（结合后面提到的高效学习方法来阅读），打下系统性知识基础。另外，我会重读学习资料的部分内容，主要也是为了确认没有记牢的知识。

我的学习方法并不是绝对正确的，我也不希望大家都来模仿。我只是想把自己亲身实践过的高效学习方法记录下来。当你为找不到适合自己的学习方法犯愁时，本书的内容或许可以为你提供参考。

尝试一下本书所提及的有效学习方法

本书加入了一些设计，让你在阅读时能够实际尝试这些具有科学依据的学习方法。请尽量在页面下方偶尔出现的问题、任务和章节末尾的"复习笔记"中填写答案。如果你无法明确作答，那么就往前翻一翻，回顾相关知识点。另外，在阅读本书的过程中，你可以随时将你的想法或疑问写在页面的空白处。

复 | 习 | 笔 | 记

☑ 对于反复阅读（重读）的有效性，邓洛斯基教授等人所作的报告是如何评价的？

_____

_____

_____

_____

☑ 什么是熟练度错觉？

_____

_____

_____

_____

2
抄写或总结到笔记上

▼

生活中其实有不少人会将教材、参考书上的内容抄写或总结到笔记上，字迹工整又美观，但考试分数却不怎么"好看"。将要点工整地誊写到笔记上，会让人产生一种"我已经努力过"的感觉。

Q 相关研究

下面让我们来看一项研究。这项研究以美国 180 名高中生为研究对象，调查了不同的记笔记方式对学习效果的影响。在调查中，研究人员将学生们分成四组，要求他们阅读一篇关于非洲某虚构部落的 2000 字的文章。

- A组：每读完一页，便简要地写下 3 行总结（概括组）
- B组：读到自己觉得重要的语句时，用自己的话将其总结到笔记上（改写组）
- C组：读到自己觉得重要的语句时，原封不动地抄写 3 遍（照抄组）
- D组：仅通读文章（通读组）

阅读完毕后，研究人员当场让学生们完成与文章内容相关的测试，一周后又让他们测试了一次，以检验学习效果。结果显示，照抄语句的学生与仅通读文章的学生在成绩上并无明显差别。对此，我们可以这样理解：在照抄语句时，无须记忆或理解文字内容，基本不会消耗脑力，因此学习效果一般。

那么，用自己的话来总结，效果又如何呢？在这项研究中，改写组（B组）与概括组（A组）学生的得分基本一致，而且均高于照抄组（C组）和通读组（D组）的学生的得分。其他多项研究报告也指出，在大脑中处理、转译和总结所读语句，可以产生一定的学习效果。

不过，这里要提醒一点：在对内容进行概括时，必须注意方法及其质量。不同的人，概括能力不同，概括出的信息在质量方面也差别巨大。这主要取决于以下几个因素：个体的基础知识储备量，对内容重要部分的判断能力，所概括语句的长度及其包含的信息量等。

一项针对美国大学生的调查研究了概括的学习效果[11]。研究人员将学习心理学的大学生分成以下两组（实际研究中分成了更多组，这里进行了省略），让他们分别学习"逻辑谬误"这一主题内容。

- A组：按照分享给朋友的标准概括内容
- B组：未被下达特别指示，正常学习

学习结束后，研究人员要求大学生们解答与内容相关的应用题，两组学生的考试成绩不存在显著性差异。研究人员深入研究学生们概括的内容后，在研究报告中指出，超过三分之一的学生的概括中没有包含逻辑谬误的标准定义，而那些准确捕捉了关键信息、概括质量较高的学生，其考试成绩也更好。

有报告称，专门训练可以提升概括能力，进而提高学习效果[12]，不过接受这种专门训练的人并不多。此外，有研究表明，与后面将要介绍的学习方法相比，概括的学习效果是相对低下的。

邓洛斯基教授等人的报告，则对概括作出了如下评价[5]：

"基于现有的科学依据，我们认为概括的有效性较低。"

尽管对善于概括的学习者来说，这是一种有效的学习方法，但许多学习者（如儿童、高中生和一些大学生）需要接受一定的培训才能掌握概括技巧。

在课堂上，记笔记这一行为本身（不包括之后复习笔记内容）对提升学习效果有多大的帮助呢？一份综合分析了57项研究的报告指出，记笔记确实能够提升学习效果，但提升程度是有限的[13]。

◎ 将新信息记在参考书上，以加深记忆

接下来，关于记笔记和概括内容，我将分享我个人的经验与心得。这里再重申一次，我分享的内容未必就是正确的，仅供读者参考。

我认为，如果一些资料已经包含考试复习所需的全部知识点，就没有必要去自己概括，也没有必要把资料单独抄到笔记本上，这是浪费时间的做法。

即使是在高中和大学的课堂上，我也认为，如果老师的板书与教材上的内容完全一致，或者老师照本宣科，那么除非有特殊理由，比如笔记也要算进这门课的分数，否则我个人是不会去记笔记的。

上高中和大学时，如果碰上这样的课，我甚至会选择逃课，毕竟自己看教材和参考书更有效率。另外，假如我现在回到了义务教育阶段，不得不记笔记，那么我可能会选择"康奈尔笔记"，在"学习的窍门"中，我会对此进行详细阐述。

我在备考美国医生执照考试时，用的是一本精简到不能再精简的教材（即便如此也有 500 多页，字也密密麻麻的）。我会在教材的空白处写下自己做题时获取的新信息。我会将备考所需的信息集中在一处，然后使用更高效的学习方法（后面会介绍）来帮助自己加深记忆。

3

高亮标记和画线

▼

"高亮标记和画线"这种学习方法,同样不怎么有效。用彩色荧光笔突出标示单词和句子,会让你感觉学习有所收获。遗憾的是,这种方法的效果并不显著。

相关研究

在一项针对美国大学生的研究中,学生们被分成三组,在 1 小时内阅读一篇 8000 字的文章:第一组做高亮标记,第二组不做标记，第三组阅读他人标记后的文章。一周后，研究人员让学生们先复习该文章 10 分钟，然后就文章内容进行测试。结果表明，各组的测试成绩并无显著差异[14]。

在 1992 年进行的另一项针对大学生的研究中，研究人员将学生们分成两组，并让他们阅读大学历史教材：一组在阅读各章节时画下划线，另一组只是单纯地阅读，不做任何标记。一周后，研究人员先给学生们 15 分钟时间复习教材，随后让他们参加与教材内容相关的测试[15]。结果显示，两组学生的测试成绩不仅没有显著差异，而且在推理题目上，画了下划线又复习过的学生得分更低。这或许是因为，学生们只关注画线的部分，这阻碍了他们对整体内容的理解。此外，还有报告指出，采用高亮标记法学习的学生在考试中的表现相对更差[16]。

类似高亮标记和画线这样的学习方法，与概括一样，其效果因个人能力而存在差异。也就是说，有些学习者善于找出需要强调的部分，有些则不善于寻找。况且，如何利用高亮标记过的教材进行学习，也是因人而异的。正如前面提到的，邓洛斯基教授等人调查了大量的既往研究，他们也在报告中给出了对高亮标记法的研究结果[5]：

"基于现有的科学依据，我们认为高亮标记和画线方法的有效性较低。在迄今考察过的大多数情景和学习群体中，做高亮标记对成绩提升几乎没有效果。虽然当学习者懂得如何有效使用高亮标记法，或者阅读难度较大的文章时，这种方法可能会有所帮助，但面对需要进行推理的高深课题时，采用这种方法反而可能使人表现不佳。"

◎ 警惕 "'高亮'过等于我学过"的心态

尽管上文对高亮标记和画线方法的评价相当低，但我在阅读图书、学术论文时，会经常使用这种方法。我甚至在美国也会购买和使用从小用惯了的日本三菱某款荧光笔。我也会根据情况灵活使用高亮与下划线，例如重要的部分用荧光笔标记，不那么重要但仍需强调的部分就用红笔画下划线。

因为做高亮标记和画线实施起来并不费劲，我又不会反复通读内容，所以我会标记需要记住的部分或者可能用作资料的部分（你也可以在这本书上随意做高亮标记和画线）。不过，需要注意的是，这种方法与重读一样，效果不佳的同时还可能让你误以为自己已经学会了。因此，在学习过程中，我们不能仅做高亮标记和画线，还需要结合后面提到的更有效的学习方法来学习。

复 | 习 | 笔 | 记

☑ 在邓洛斯基教授等人所作的报告中，有哪些方法被评
价为"有效性较低"？

_____

_____

_____

_____

_____

_____

_____

_____

_____

_____

_____

4

根据喜欢的学习风格来找方法

▼

当你与别人讨论学习方法时，有人可能会说："学习方法因人而异，按照自己喜欢的风格来学习是最有效的。"这听起来似乎有理有据，令人信服。实际上，有很多网站可以帮助你判断自己的学习风格，还会强调根据学习风格来学习的重要性。

根据喜欢的学习风格来找方法，指的是喜欢观察的人，会主要通过图表和视频等视觉信息进行学习；喜欢倾听的人，会主要使用有声教材等听觉信息进行学习；喜欢阅读的人，会主要通过文字信息进行学习；等等。

学习者对自己的学习风格进行划分，根据学习风格采用不同的学习方法，学习效果会更好——这一观点听上去似乎很有道理，在美国也颇受推崇。然而，这个说法目前似乎缺乏科学依据。

🔍 相关研究

著名的认知心理学家们发表了一篇论文——"学习风格：概念与科学依据"，用来阐述学习风格对学习效果的影响[17]。这篇论文指出，目前的证据尚不足以证明，判断学习者的学习风格并以此指导学习会有更好的效果，多项研究的结果也未能支持这一观点。

一项研究通过问卷和空间认知能力测试，将学习者分为喜欢图像信息的视觉型和喜欢文字信息的语言型，然后让他们学习电子工程学知识，且根据各自的学习风格，分别采用以图像信息为主和以文字信息为主的学习方式，调查其学习效果的差异[18]。

这项研究发现，即使学习者按照各自的学习风格进行学习，学习效果也没有显著提高。

另一项研究调查了 426 名选修解剖学课程的大学生，先让他们填写问卷，判断他们是视觉型、听觉型、读写型还是动觉型（喜欢通过实际操作和体验来学习的类型），然后调查他们实际采用的学习方法与成绩的关系。结果显示，采用符合自己学习风格的方法学习的学生，其成绩并不比采用不同于自己学习风格的方法学习的学生的成绩好[19]。

◎ 不要拘泥于自己的学习方法，要灵活尝试

如果用自己喜欢的风格学习，能够让你更有学习动力，而不这样做你就无心学习，那么前者或许是更好的选择。不过，请务必留意自己是否身处这样的情况：只认准一套"适合自己的学习方法"，哪怕这种学习方法实际上并不起效。

请记住，高效的学习方法一定不会让你感受到高效，在后面的内容中我也会多次解释这一点。当你尝试一些学习方法，觉得"这也不怎么样""好像记不住"的时候，其实长远看来，它们的效果或许更好。因此，不要拘泥于"自己独一无二的学习方法"，要勇于灵活尝试本书所介绍的学习方法。

至此，我们讨论了一些虽然被人们普遍使用，但科学研究认为效果不佳的学习方法。有很多人在这些学习方法上花费了大量时间，但成绩依然不理想，学习效果依旧不尽如人意。这并不是

因为他们不够聪明，只是因为一直以来的学习方法不好而已。如果你也面临这样的问题，那么转变学习方法，应该就能取得比以往更好的结果。

第 2 章
科学高效的学习方法

1
主动回忆

▼

　　接下来，我将介绍一些高效的学习方法，其效果也得到了科学研究的验证。同时，我会引用一部分相关论文，来解释这些方法的依据。相信你了解并实践了本书所介绍的这些高效学习方法，学习效率就会得到显著提升。

◎ 什么是主动回忆

　　在学习中至关重要的是主动回忆。这个词看上去有些复杂，简单来说，主动回忆就是"主动回想学习过的内容或想要记住的事情，将其从记忆中提取出来"。

"什么？从记忆中努力提取想要记住的内容？就这么简单？"很多人可能会发出这样的疑问。事实上，大量关于学习的研究表明，要记住某些东西，最关键的行为是积极地回忆这些内容，并努力将其从大脑中提取出来。除了主动回忆这种学术性名称，这种方法还有唤醒练习、提取练习及练习测试的叫法。

顺便一提，积极回忆信息，使其更容易固化为长期记忆的现象被称为测试效应。提到"唤醒练习""练习测试"及它们的"测试效应"，你或许会以为需要做常见的那种测试或问答题。然而，不仅限于做测试或问答题，只要能从记忆中提取内容，你就有望获得更好的学习效果。因此，本书主要使用"主动回忆"这一说法。

◎ 学习量越大越好吗

很多人对学习的印象可能是"总之要多输入"，如图 2-1 所示。让我们来举例说明：假如 A 和 B 一起读教材，A 读了 100 页，B 读了 200 页；问"谁学到了更多"，我想多数人会回答是读了 200 页的 B。

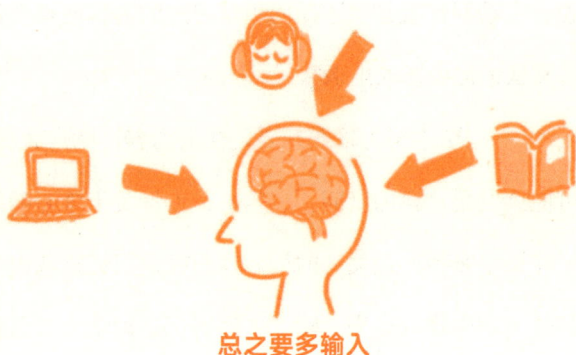

总之要多输入

图 2-1　许多人对学习的印象

　　用输入量来评价学习的想法普遍存在。许多人认为，好的学习方法就是尽可能多地阅读文章、不断地听各种讲座，尽量多花时间去增加输入量。然而，科学研究认为，这种仅增加输入量的学习方法的效率并不高。

◎ 真正高效的学习是怎样的

　　那么，在科学研究中，被认为效果好的学习方法是怎样的呢？高效学习的过程如图 2-2 所示。

　　有些人误以为回忆学习内容、从记忆中提取信息（例如，把记住的内容写在纸上、做练习题或小测验）只是为了确认自己是

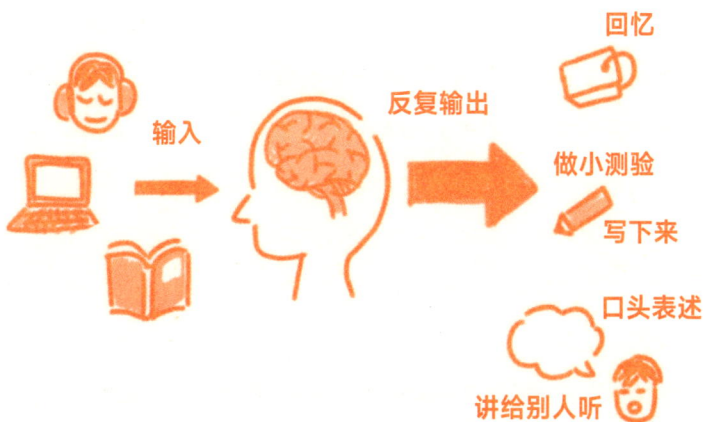

图 2-2　高效学习的过程

否已经记住这些内容了，或是为了评估学习的效果。然而，大量关于学习的研究表明，回忆与输出才是让人保持长期记忆的有效学习方法。

相关研究

有许多研究考察了主动回忆的效果。这里介绍一些有代表性的研究报告，其中一个是心理学家罗迪格与卡皮克在 2006 年发表的研究报告[20]。

在这项研究中，120 名大学生阅读了托福教材上的两篇文章，一篇是关于太阳的，另一篇是关于海獭的。在实验中，以 7 分钟为一个单元，每篇文章都给学生们两个单元的学习时间让学生们学习两次。对其中一篇文章，学生们采用的是常规学习方法，即在 14 分钟内反复阅读；对另一篇文章，学生们则是先在前 7 分钟内阅读学习，在后 7 分钟内进行主动回忆，即尽可能多地写出自己能记住的内容。

学习结束时，学生被分成三组，分别在 5 分钟后、两天后、一周后接受测试——尽可能多地写出记得的内容。结果表明，学习一次后主动回忆的学生在 5 分钟后的测试中，成绩略低于进行了两次常规学习的学生；但在两天后和一周后的测试中，前者的成绩明显更高。尽管他们阅读文章的时间只占一半，但在两天后和一周后，他们与其他人拉开了明显的差距（见图2-3）。

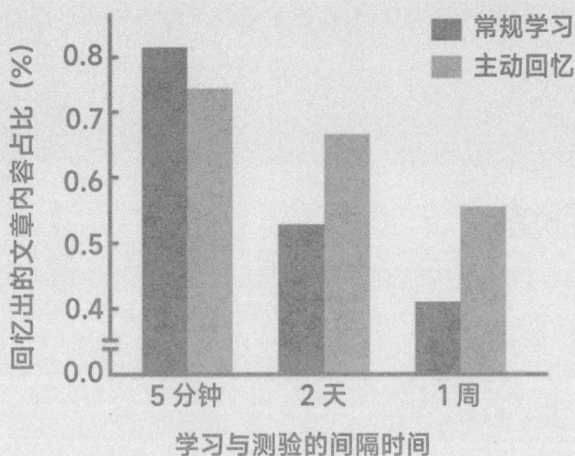

图 2-3　主动回忆与常规学习的效果比较

另外，卡皮克等人还进行了一项考察主动回忆效果的著名研究，并将其发表在了《科学》杂志上 [21]。

在这项研究中，研究人员将 80 名大学生分成四组，让他们用不同的方法学习关于动物的科普文章。

- A 组：仅进行一次 5 分钟的常规学习
- B 组：通过反复阅读进行四次学习（共计 20 分钟）
- C 组：在第一次学习中阅读文章，然后听取关于概念图（将相关概念图式化的学习方法）的讲解，再花 25 分钟一边阅读文章，一边绘制自己的概念图
- D 组：在第一次学习中阅读文章，然后不看文章，在 10 分钟内尽可能多地回忆并打字记录内容（主动回忆）。随后阅读文章 5 分钟，再用 10 分钟对内容进行回忆并打字记录

一周后，学生们参加测试，对两类问题进行了作答：直接询问文章内容的问题和需要进行推理的问题。测试结果如图 2-4 所示。

结果显示，B 组学生和 C 组学生的测试正确率高于仅进行一次学习的 A 组，而进行主动回忆的 D 组学生的测试正确率最高。

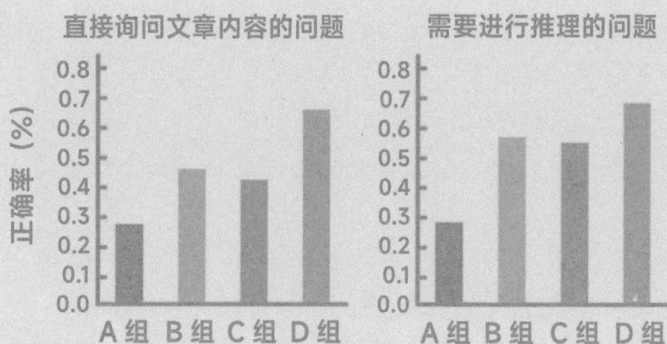

図 2-4　不同组学生的测试结果

为了进一步验证唤醒练习的效果，卡皮克等人对 120 名学生进行了实验。他们更换了所学文章的体裁，还改变了最终测试的形式（采用了简答题和概念图绘制的形式）。结果与最初一致，D 组学生得分更高。

有趣的是，即使是要求学生绘制概念图的测试题，D 组学生的得分也高于 C 组学生的得分。

有些人可能认为主动回忆不过就是"死记硬背"，其实主动回忆包括多种类型的考题，不仅包括直接考查教材相关内容的试题，还包括需要对内容有深层次理解的应用题[5]。

◎ "让子弹飞一会儿"

在前面的研究中，研究人员还曾让学生们预测一周后自己还能记住多少内容。B 组预测自己能记住的内容最多，而 D 组则预测自己能记住的内容并不多（见图 2-5）。

也就是说，与其他组相比，D 组学生在刚学完时，对自己的记忆效果是最没有信心的；而实际上，最不被人看好的主动回忆，反而最有效果。这里就引出了相当关键的一点——"正在学习的人往往察觉不到学习的真正效果"。与之相对，反复阅读教材这个方法，会让人觉得"貌似有效果"，但继续使用同样的方法其实是在浪费时间，对此我们要多加留意。

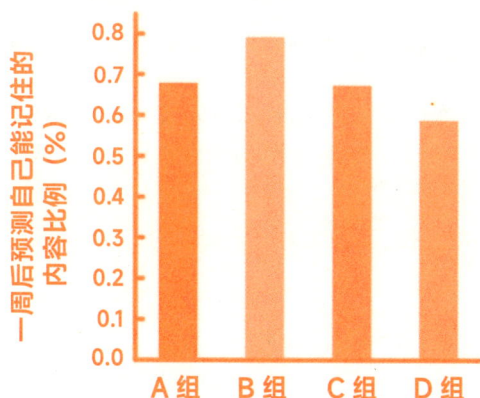

图 2-5 各组对学习效果的主观预测

关于主动回忆有效性的研究报告，实际上早在 100 多年前就存在了 [22][23]，主动回忆的有效性在不同年龄段的学习者中、各种教材和不同形式的考试中都得到了验证。

众多研究已经在现实的初中教育场景中证明了主动回忆的有效性，罗迪格等人的研究便是其中一例 [24][25]。在这些研究中，研究人员在初中的科学和社会课堂上开展测验（以多项选择题的形式进行，使用被称为"clicker 技术"的教学互动反馈系统①），这些测验不计入（或基本不计入）学生的课业成绩。结果证实，在期末考试（不超过测验内容范围）中，学生的成绩有所提高。

此外，研究还发现，隔一段时间反复进行主动回忆，可以显著提高学习效果。关于这一点，我将在后面的"分散学习"中详细解释。我认为，主动回忆的效果在于，通过积极地回忆信息，向大脑传递"这些信息很重要"的信号，从而将其转化为长期记忆。

邓洛斯基教授等人的报告（2013）也对练习测试② 进行了如下评价：

"基于科学依据，我们认为练习测试的有效性较高。测试效应，

---

① 教学互动反馈系统是一项创新性的教学技术成果，在国际上已有深入的研究与广泛的应用，"clicker 技术"就是其中一种。在实际教学场景中，学生们手持"点击器"（clicker）提交答案，教师可以实时查看并分析结果。——译者注

② 同前所述，与主动回忆是同一概念。

在不同的练习测试形式中、不同种类的教材中、不同年龄的学习者中、不同效果的检验方法中、不同的记忆保持时间方面都得到了验证。因此，练习测试具有广泛应用的可能。与其他学习方法相比，练习测试既不耗费时间，又可以通过最低限度的训练来实施。"[5]

◎ 有效的主动回忆方法有哪些

至此，我们了解了主动回忆的有效性。事实上，关于哪种主动回忆的实践方法最有效，很少有研究直接进行对比分析，因此没有确切的结论。不过，也有多项研究表明，在提示较少的情况下进行主动回忆，能显著提升学习效果。

Q 相关研究

1989 年格洛弗等人的一项研究表明，在没有任何提示下回忆起所读信息的学生，比在提示下（如填空形式）回忆起所读信息的学生，记忆保持得更长久[26]。此外，还有研究表明，相比于从多个选项中选择正确答案的多项选择题，完成需要自己作答的简答题，更有助于巩固记忆[27]。

此外，在一项记忆英语单词的研究中，在记忆英语单词时，一组能获得单词首字母的提示；另一组则只拿到白纸，需要在纸上写出还记得的单词。结果显示，在最终测试中，后者记住了更多的单词[28]。

也就是说，与有提示的填空题或包含正确答案的多项选择题相比，尽量在没有提示的情况下从记忆中提取信息，更有助于巩固记忆。

主动回忆的方法有很多。例如，做练习题和过去的考试题、参加模拟考试、使用抽认卡、写在纸上、将所学知识教给别人等。研究表明，即使只是看着问题并回忆答案，也能提高记忆效果[29]，关键在于努力从记忆中提取所学内容。

在碎片时间里，比如在乘坐地铁时，尽可能地尝试回忆课堂上学到的内容、书中读到的知识或自己学过的东西，我认为这些也不失为一种有价值的学习方法。

大多数学生和准备资格考试的人都会做练习册或过去的考试题，还会使用抽认卡等。然而，某些教材未必配有相应的练习册，而且有些练习册可能无法全面覆盖考试范围，其未涉及的内容可能成为学习中的盲点。因此，从阅读教材开始就需要意识到主动回忆的重要性。

重视从记忆中提取信息，尝试从"以输入为中心"转向更加重视输出的学习方式——我认为这就是学习中的关键所在。

◎ 用"白纸学习法"背知识

当我需要记住大量的医学知识时，我使用了一种简单而有效的方法—— 一边嘴上念叨假装教人，一边写下来的白纸学习法（见图2-6）。这个方法我仍在使用，接下来我会把它介绍给你。尽管它的名字看起来又长又复杂，但它其实非常简单。你只需要准备三样东西。

图2-6 著者使用的"白纸学习法"

- 自己想学习的信息：英语单词书、学校教材、资格考试的参考书、兴趣书、报纸杂志等
- 白纸：不要的笔记本、不用的打印材料等（我经常使用打印纸，不过用什么都无所谓）
- 书写工具：自己用着舒服的水性笔、中性笔或铅笔

方法也非常简单。

步骤①：首先，阅读要记住的信息；之后，不看这些信息，将要记住的内容尽可能多地写在白纸上。

此时的关键在于，不看原始信息，也就是在没有记忆线索的情况下，努力从记忆中提取内容。在卡皮克等人的研究中，学习者所做的事情也非常简单——将所学内容尽可能多地写在纸上或打字记录，这就足以展现主动回忆的显著效果。

此外，写下内容并不是为了留下笔记，而只是为了输出，因此没有必要把字写得多么漂亮。我本来字就写得很难看，在进行这种输出时，字迹有时会潦草到连自己都看不懂（见图 2-7）。对于难记的内容，我会一边念出声一边写。据悉，与仅默读信息相比，写出来、嘴上念叨或朗读更容易使人记住信息，这被称为生产效应[30][31]。

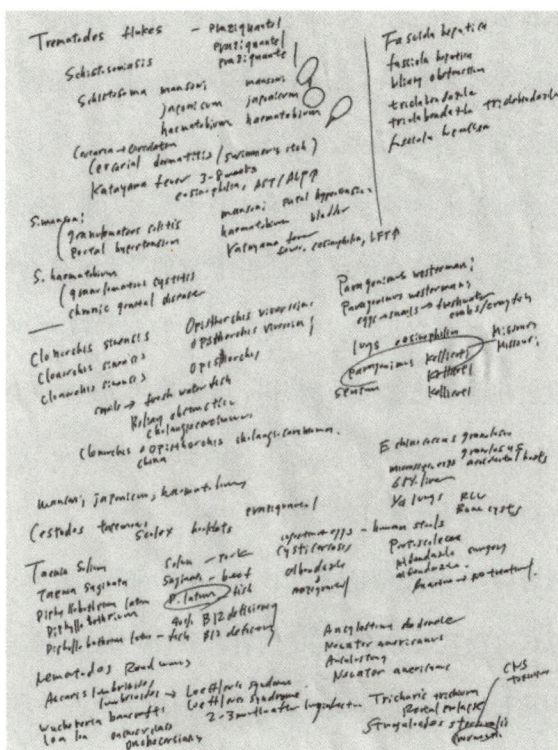

图 2-7　白纸上著者的潦草笔迹（实物）

在过去的研究中，人们主要在信息的输入阶段考察这一方法的效果；而我在最初尝试记忆的阶段（最初阅读信息的阶段）及尝试回忆的阶段都会用到它。

此外，以假装教人的形式来输出内容，效果会更好。正如人们常说的"以教促学"和"教学相长"，教授他人，实际上有助于整理信息和巩固记忆，这一效果也得到了科学验证[32][33]。

通过实际教人或尝试教人来加深对学习内容的理解，这被称为"学徒效应"。有趣的是，有研究报告称，只要以"之后要教会别人"为前提来学习，即使实际上并不教人，学习效果也会有所提高[34]。我们或许经常会看到成绩优异的学生给其他学生讲题的情景，实际上，这反而是"教授方"在进行更高效的学习。

我过去并不知晓这些科学依据。我后来才知道，我使用的白纸学习法，看似平平无奇，实际上是结合了测试效应、生产效应和学徒效应的学习方法。

将内容一口气输出到纸上后，接下来的步骤②，就是回顾信息，重温自己没有理解或忘记的内容。虽然主动回忆本身就很有效了，但通过回顾内容、获得反馈，学习效果会进一步提高[5]。因为仅仅靠一次阅读，我们很难将想记住的内容全部输出，所以要在输出的同时重温知识，获取反馈，直到输出的内容令自己满意为止。

要避免被"熟练度错觉"欺骗，即以为自己知道的比实际知道的多，重复上述两步（步骤③）来不断测试自己的记忆力非常关键。

最后，为了将白纸学习法与后面将介绍的有效学习方法——

"分散学习法"相结合，我会每隔一段时间，就重复上述三步（步骤④）。至于间隔时间的长短，则要视输入的信息的记忆难度及自己的记忆程度而定。就我个人而言，若要记住记忆起来稍有难度的新内容，我认为当天复习一次，第二天再复习一次，然后隔段时间再次重温会比较有效。关于间隔时间，我会在后面的章节中详细说明。

白纸学习法的完整步骤如图 2-8 所示。

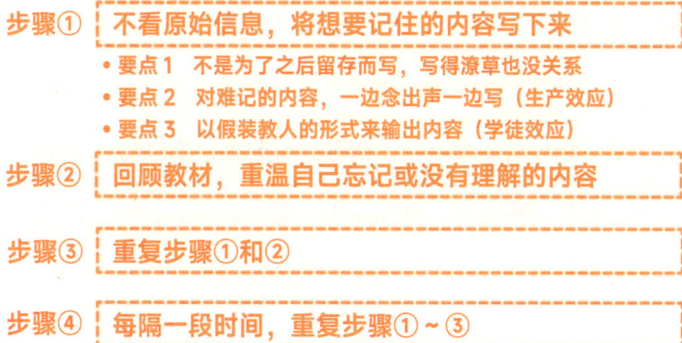

步骤① 不看原始信息，将想要记住的内容写下来
- 要点1 不是为了之后留存而写，写得潦草也没关系
- 要点2 对难记的内容，一边念出声一边写（生产效应）
- 要点3 以假装教人的形式来输出内容（学徒效应）

步骤② 回顾教材，重温自己忘记或没有理解的内容

步骤③ 重复步骤①和②

步骤④ 每隔一段时间，重复步骤①~③

图 2-8　白纸学习法的完整步骤

◎ 假装在教别人

一边在白纸上书写，一边在四下无人的场景中假装教人，嘴

里还念念有词——如果是不认识我的人看到这种场景，恐怕会觉得我是个怪人。但我并不在意，我正忙着拼命强化大脑神经回路的连接，没必要难为情。

当使用主动回忆来测试自己是否记住内容时，你可能会感觉很耗脑力；或者你会发现自己记住的内容其实很少，于是灰心丧气。人们常常会懊恼地想："才看过，怎么就记不住呢！"这可能会催生一种"实在是不想做了"的感觉，进而让人萌生退意。即便如此，你也要努力坚持回忆和输出。正如研究的参与者，他们在刚刚完成学习时可能也感觉不到效果。主动回忆会给你提供实现有效学习所需的"必要难度"。努力回忆的过程对于巩固记忆至关重要。在今后的学习中，请务必时刻牢记输出的重要性。

正在阅读本书的你，如果平时不常进行主动回忆，那么为了体验其效果，请尝试不翻看前面的内容，将自己还记得的内容尽可能多地写在白纸上，同时嘀嘀咕咕地假装在教人。几天后，你就会发现自己比反复阅读时记住了更多的内容。

复 | 习 | 笔 | 记

☑ 什么是主动回忆？

_____

☑ 主动回忆的方法有哪些？

_____

☑ 什么是生产效应？

_____

☑ 什么是学徒效应？

_____

☑ 请思考，你在平时的学习和信息获取中，可以怎样引
  入主动回忆（例如，看了新闻后将记得的内容都写在
  纸上等）。

_____

☑ 将目前为止你还记得的本书中的内容都写在纸上。

_____

2

分散学习

　　想必你我都有过这样的经历：考试前一天，慌慌张张地拼命复习了好几小时，但考试结束后，还没过几天，就吃惊地发现自己把学过的内容忘得一干二净了。在这种时候，我们可能会产生"我怎么这么笨""记忆力怎么这么差"的自责情绪。不过，这是很正常的现象，请不要自责。人类大脑本就会逐渐忘记曾经记住的东西。大脑中被称为海马体的区域，决定了哪些短期记忆会被存储为长期记忆。

　　我们的大脑所接收的大部分信息，与生存并不是直接相关的，因此它们会被遗忘。从脑科学的角度看，不仅记忆是一个主动的过程，遗忘也一样 [35][36]。

极少数人拥有令人惊奇的记忆力，他们几乎能记住自己过去的所有经历。2006 年发表的一篇论文提到了美国一位名叫 AJ 的女性，她无法忘记关于过去经历的记忆（情景记忆）。无论问她在过去某个日期做了什么，她都能迅速回答 [37]。然而，"无法忘记"令她非常痛苦，她这样说道："我总是想着过去的事，就像一直在看一部没有结局的电影。""我不想拥有它（异常的记忆力），这是个负担。"

听了这些话，我觉得遗忘其实也不错。上一章介绍的主动回忆，就是通过实际回想（使用）记忆，向大脑传达"这些信息很重要"的信号，从而牢牢记住这些信息的。

接下来，我将介绍另一种方法，它与主动回忆同样重要，可以帮助大脑记忆信息。这个方法就是，避免一次性集中学习，每隔一段时间便"重复学习"一次。反复输入和提取信息，可以向大脑传递"这是重要信息"的信号。

"复习对学习来说很重要。"这样的观点你可能已经听过无数次了。那么，反复学习到底有多重要？它的效果如何？最佳的复习时间是什么时候？关于反复学习，科学研究究竟发现了什么？

如果你对此不怎么了解，那么请继续阅读本书，你将获得新的知识。只是"大概了解"反复学习的效果的人，与汇总各类信息后对反复学习的效果达到"深刻理解"的人，各自的学习态度是大不相同的。

◎ 什么是分散学习

一夜突击式的学习方法，被称为"集中学习"，即连续学习大篇幅的内容。与之相对，隔一段时间学一次的方法则被称为"分散学习"或"间隔重复"[38]。

与集中学习相比，分散时间进行学习的方式有助于更好地巩固长期记忆，这种效果被称为"间隔效应"。这意味着，即便学习相同的内容、花费相同的时间，分散学习的效果也更好。也就是说，与其连续两小时背一连串的英语单词，不如今天背一小时，改天再背一小时。这样一段时间后进行测试时，你会发现分散学习的方式能让你记住更多单词。

著名的"遗忘曲线"提出者、德国心理学家艾宾浩斯，通过实验证明了分散学习比一次性集中学习更有效。艾宾浩斯提取了大量无意义的音节，以考察遗忘的速度及多次复习后的记忆情况。

艾宾浩斯是对记忆研究领域做出重要贡献的人物，因此他在与记忆相关的图书中频繁出现。艾宾浩斯在他 1885 年所著的《记忆：对实验心理学的贡献》一书中说："反反复复做一件事时，在不同的时间分散完成显然比一次性完成更有利。"[39]

关于分散学习的效果——间隔效应的研究，已经持续了 100 多年，发表的论文也有数百篇。这些研究表明，从成年人到儿童，在学习领域，在数学、外语、历史和生物学等广泛学科内，间隔效应均得到了验证。

🔍 相关研究

1979 年，巴利克进行了一项著名的研究[40]。在这项研究中，他将没有学过西班牙语的美国大学生分为三组，让他们记住 50 个西班牙语单词。

- A 组：1 天内集中学习
- B 组：每隔 1 天复习一次
- C 组：每隔 30 天复习一次

在第一次学习会上，研究人员让学生们尽可能多地记住西班牙语单词的含义，而后又开展了五次学习会，会上对这些单词进行统一复习。最后一次学习会结束后，又过了 30 天，测试各组学生记住了多少单词。

结果显示，在这个测试中，各组的正确率分别为68%（A组）、86%（B组）和95%（C组）。这说明间隔学习的学生表现明显更好（见图2-9）。

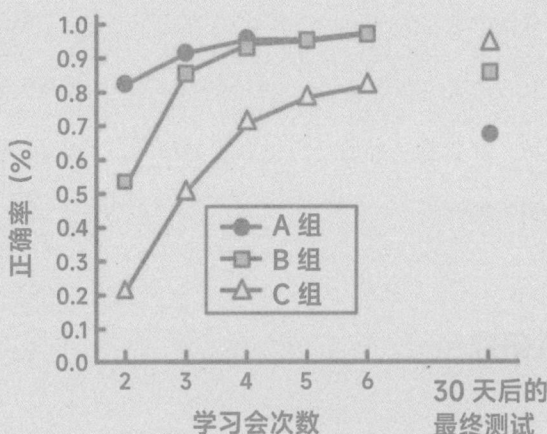

图2-9　不同学习间隔下的测试正确率

还有一项针对小学五年级学生的研究。这些小学生被要求记住美国和加拿大的研究生院入学必选考试项目中出现的英语单词——Accolade、Coerce、Edict、Gregarious、Latent、Salient、Tacit、Vex[41]。对于同样的单词，让一组孩子集中学习，另一组孩子间隔一周分两次学习。研究发现，尽管总学习时长是一致的，但在五周后的测试中，间隔学习组的孩子能够更准确地回答出单词的含义，正确率大约是集中学习组的1.8倍。

关于分散学习，还有很多其他相关研究论文，以及综合了大量研究结果的整合分析。2006 年，有一篇论文分析了 184 篇关于分散学习效果的论文，进一步证实了分散学习的效果 [42]。

此外，正如巴利克的研究结果所示，学习的间隔时间越长，记忆的保持时间也越长。这种学习间的相差时间（又称"时滞"）越长，越容易对学习内容形成长期稳固记忆的效果，被称为"滞后效应"。

这就意味着，准备六个月后的考试和准备一周后的考试，各自的最佳复习时间是不一样的。

相关研究

塞佩达等人在 2008 年进行了一项关于复习时间安排的著名研究 [43]。在这项研究中，有 1354 名参与者需要记忆 32 个不太为人所知的冷知识。例如，"欧洲哪个国家的人吃辣味的墨西哥菜最多？"答案是"挪威。"然后改变复习时间，分别测试他们记住了多少。复习被安排在学习后的不同时间进行，如当天、第二天、两天后、7 天后、21 天后、105 天后等，各只进行一次复习。随后，按照不同的间隔（7 天后、35 天后、70 天后、350 天后）进行测试。复习间隔和测试间隔的组合超过了 20 种。

　　这项研究表明，距离测试的时间不同，最佳复习时间也不同。例如，对于 7 天后的测试，3 天后复习是最理想的；对于 35 天后的测试，8 天后复习是最佳的；对于 70 天后的测试，12 天后复习效果最好；而对于 350 天后的测试，27 天后复习是最优的。研究结果表明，如果只能复习一次，那么复习太早或太晚都会影响效果；而且距离测试时间越长，相应的最佳复习时间也越晚。

　　换言之，如果考试在几个月后，那么将复习的时间间隔设置得长一些，记住的内容会更多。

　　上述研究探讨的是只复习一次的情况，但在实际学习中，我们通常会多次复习。在这种情况下，分散学习领域内存在一个争论：是应该采用固定间隔的复习方法，还是应该先缩小复习间隔，再逐渐加大复习间隔？

　　在 20 世纪 70 年代，有报告指出，逐渐加大复习间隔的效果更好，人们由此认为制订这样的复习计划更理想。到了 20 世纪 80 年代，开发了分散学习软件"超级记忆"的皮奥特·沃兹尼亚克，基于自己的实验结果，于 1985 年提出了一个最佳复习时间表：第一次复习在 1 天后，第二次复习在 7 天后，第三次复习在 16 天后，第四次复习在 35 天后[44]。

不过，近期有多项报告指出，实际上固定间隔的效果更佳，皮奥特的观点遭到了挑战。当然，同样有报告支持逐渐加大间隔的效果更好的观点[45]。

总的来说，上述问题，至今未有定论。我的看法是，这可能取决于学习者的基础知识量、学习内容量及难度（是否容易遗忘）等因素。但无论如何，间隔学习的效果总是显著的。因此，我认为不必深究这个问题，以免制订了复杂却无法执行的复习计划。

我个人认为，当你进入一个全新的领域，没有掌握足够多的基础知识时，最好在一开始缩短复习间隔，然后逐渐加大间隔。

关于分散学习，让我们来看看邓洛斯基教授等人的报告是如何评价的。

"基于现有的科学证据，我们认为分散学习的有效性较高。" [5]

报告中写道，分散学习在不同年龄段的学习者、各种教材及不同形式的考试中都被证实有效，并且有助于信息的长期记忆。由此可见，分散学习的重要性已经得到大量科学研究的证实。

在《论语》的第一篇《学而》中，孔子曰："学而时习之，不亦说乎？"这句话的意思是，学习并在适当的时候复习，不也是很令人高兴的事吗？我认为这就是强调了分散学习的重要性。

尽管分散学习的有效性已被科学研究证实，但有关报道称，实践这一方法的学生并不多。一项对美国 900 多名选修生物学的大学生进行的调查显示，会进行间隔学习的学生约占 17%，大多数学生会在考试前集中学习[46]。调查还发现，成绩优异的学生不仅进行分散学习，还使用了上一章所述的主动回忆。

归根结底，分散学习主要涉及的是"学习时间的安排"。那么，什么样的学习方法才是我们的万能工具呢？自然就是上一章阐述的主动回忆了。

◎ 最强学习方法：主动回忆＋分散学习＝连续再学习

我认为，将主动回忆与分散学习结合起来的学习方法，就是基于现代学习科学的有效方法，人人都可以尝试。这种学习方法，有时被称为连续再学习或分散唤醒练习[47][48]。

你在学习的时候也务必尝试一下连续再学习这一方法。

> 问题：什么是生产效应？

◎ 连续再学习的步骤

在实践连续再学习的过程中，首先，在学习新的内容时，我们至少要进行 1~3 次主动回忆（如写在纸上或在脑中回忆），直到能记住全部内容为止；之后，可以在 1 天到 1 周后（没有固定的间隔）再次进行主动回忆；在这个过程中，对于已经遗忘的内容，需要重新确认相关知识（反馈），并至少进行一次主动回忆；间隔一定时间后，多次重复以上步骤。

为了让大家更容易理解，下面我举一个具体的例子。

如果我要通过连续再学习来记住 20 个难记的英语单词，那么，首先，我会看着英语单词，边读边拼写，同时也会大声说出单词的日语意思（生产效应）；之后，我会尝试**不看任何东西**，尽可能回忆单词的拼写和意思，一边嘴上念叨，一边写在白纸上（生产效应与主动回忆）。在此过程中，如果遇到特别难记的单词，我就会用假装教人（学徒效应）的方法来记忆。如果到这一步，我还有没记住的单词，我就会再次查阅单词表，确认单词的拼写和意思（反馈）。

接下来，再次进行主动回忆，并确认自己没有记住的单词（反馈）。我会不断重复这一过程，直到至少有一次能够主动回忆起所有单词。这样就完成了第一次学习。要特别注意，对于难记的单词，在一天内再次进行主动回忆；如果发现自己有遗忘，便再次进行反馈。

最终，通过分散学习，我会不断重复上述步骤。

不过，关于连续再学习效果的研究，主要是针对大学生群体进行的。

🔍 相关研究

一项研究以选修心理学的大学生为研究对象，要求他们学习部分内容时使用连续再学习的方法，其他内容则按通常方式学习。结果显示，在考试中，用连续再学习的方法学习的部分内容，题目正确率为84%；而按照通常方式学习的部分内容，题目正确率为72%。由此可见，两者之间存在显著性差异[49]。

此外，在考试后的第3天和第24天测试学生们对内容的记忆情况时，研究发现，按照通常方式学习的部分内容，题目正确率显著下降；而用连续再学习的方法学习的部分内容，则被学生们长久稳固地记住了。测试结果如图2-10所示。

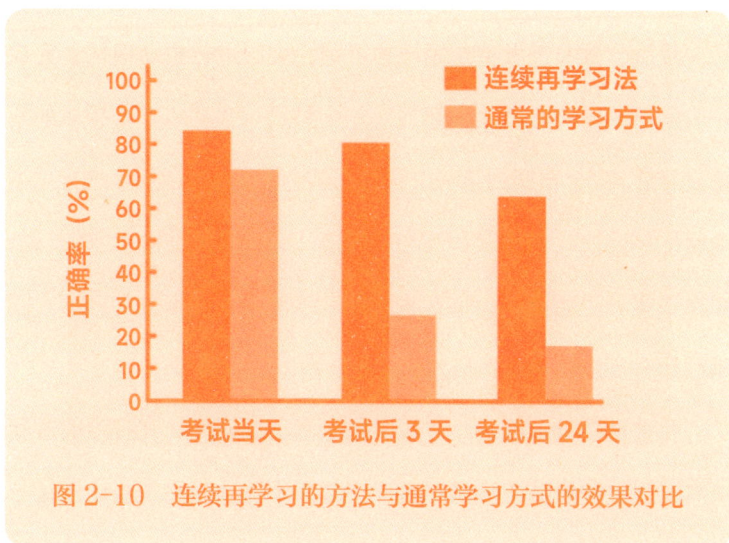

图 2-10　连续再学习的方法与通常学习方式的效果对比

　　间隔性地重复进行主动回忆——连续再学习法就是这样一个极其简单的方法。你如果之前没有特别留意这种方法，那么可以从今天开始实践，相信你的学习效率会得到大幅度的提升。

　　分散学习在需要记忆大量信息的学习领域中尤为重要。我在准备医生执照考试时，也特别注意间隔重复。例如，美国医生执照考试中的第一阶段考试，考试内容涵盖生物化学、药理学、生理学、解剖学、行为医学、微生物学和病理学。这些学科领域中的每一个都需要考生掌握大量的知识内容。为了系统地掌握这些知识，我首先通读了所有教材，同时如前文所述，进行了主动回忆（主要是一边念叨，一边把内容写在纸上）。

然后，我通过做特定领域的习题，再次进行主动回忆；完成一个科目的学习后，接着学习下一个科目。当完成 7 个领域的一轮复习后，我会再回到第一个科目，通过做在线习题反复进行"主动回忆＋反馈"。以上过程我会一周接一周地反复进行。也就是说，如果要复习生物化学，那么我就针对该领域同一部分的内容，间隔性地重复进行主动回忆，这就是所谓的连续再学习。

我之所以能在准备日本医生执照考试的同时，在有限的时间内高分通过美国医生执照考试，正是因为结合使用了主动回忆与间隔重复的学习方法。

如果你恰好在准备大型考试，那么我建议你制订一个在开考前能间隔多次复习的学习计划。当然，这不仅仅指"反复阅读"教材，还包括多做过去的考题和模拟测试、写在纸上、使用抽认卡或给别人讲题等，即围绕主动回忆的方法进行复习。

主动回忆和分散学习，不仅适用于入学考试和资格考试，对日常学习也有帮助。例如，很多人读完一本书后，过了一周就几乎记不得内容了。除非是对特别感兴趣的领域的内容，否则人们只读一遍显然无法记得一清二楚。即便是一天内重读两遍，记忆效果恐怕也不佳。要想记住书中的内容，你还是需要采用主动回忆和间隔重复的方法。具体来说，每读完一定量的信息或章节，你就要回忆一下书中所写内容，有条件的话最好写下来。

还有一种方法是将书中的内容制作成抽认卡，我也经常这么做。然后，在第二天或一周后，我会再度尝试回忆这些内容。如有遗忘，就会再看看书中对应的内容。这种重复的过程，将提升读书所带来的知识获取效果。

在本书中，为了方便读者尝试主动回忆和分散学习，我在每一节末尾都设置了"复习笔记"，并在页面底部加入了问题、任务。我认为，非虚构类图书可以多采用类似的方法来帮助读者强化知识记忆。

复 | 习 | 笔 | 记

☑ 什么是分散学习？

_____

☑ 什么是间隔效应？

_____

☑ 主动回忆（唤醒练习）的方法有哪些？

_____

☑ 开发了分散学习软件"超级记忆"的皮奥特·沃兹尼
亚克所提出的间隔复习时间表是什么样的？

_____

☑ 请思考，你在平时的学习和信息获取中，可以怎样引
入主动回忆与分散学习。

_____

_____

_____

3

精细提问与自我解释

▼

至此，我们已经解释了足以被誉为"学习利器"的主动回忆和分散学习，以及它们的组合——连续再学习。这些方法已经足够强大，你能记住它们就已经很好了。我还想介绍其他一些有效的学习方法。

接下来，我将介绍两种科学有效的学习方法：精细提问与自我解释。由于二者有重叠的部分，我在"精细提问与自我解释"中尽量将二者解释得通俗易懂。

简单来说，这两种方法就是"通过在脑内自问自答来学习"。

◎ 什么是精细提问

精细提问这个说法，似乎略显复杂。"精细"的字面意思是"关注细节并精心操作"。

具体来说，这种学习方法就是针对所学内容，自问"为什么会这样"，以及"这是如何发生的"等问题。

🔍 相关研究

关于精细提问的学习效果，已有多项针对各年龄段学习者的研究进行了验证[50][51]。例如，一项针对 294 名选修生物学的大学生的研究中，研究人员让学生们阅读关于人类消化功能的文章，其中一半学生需要边阅读边回答"为什么会这样"，另一半学生则只需要重读一遍[52]。

以一篇文章为例，学生们阅读了这样的内容："人的唾液中含有一种分解碳水化合物的酶——淀粉酶，还有调节口腔酸碱值的碳酸氢盐、黏蛋白和水。"精细提问组的学生在阅读时需要回答诸如"唾液与食物混合后消化才开始，为什么会这样"等问题。测试相关内容时，使用精细提问的学生平均得分为 76 分，而只重读的学生平均得分为 69 分，前者高于后者。

不仅是在校园中，在日常生活中养成精细提问的习惯，也有助于扩展知识面。比如，米其林的吉祥物——米其林轮胎人是由白色轮胎堆叠而成的，外形类似于香草冰激凌。不过，轮胎应该是黑色的，为什么米其林人是白色的？当我们提出这个疑问并去查资料时，就会得知，在米其林人出现的 19 世纪 90 年代，轮胎使用的橡胶是白色的；而在 1912 年左右，黑色的炭黑被加入轮胎中，提高了轮胎的耐久性和耐热性。

再比如，为什么米其林这家轮胎公司会制作米其林餐厅指南？查找相关资料就会发现，在 20 世纪初期，汽车还是个新鲜事物，因此长途驾驶的人很少。米其林为了让更多人开车，从而多卖出一些轮胎，便开始制作餐厅指南。因此，在米其林一星到三星的评判标准中，二星是"值得绕道来品尝的美味料理"，三星是"值得为之旅行的卓越料理"，也就说得通了 [1]。

◎ 像孩子一样，追问日常生活中的小事

我有两个孩子，他们经常问我"为什么""怎么回事"。有时候，

---

[1]　以上内容参考自米其林官方网站《关于米其林人的 8 个惊人的事实》（*8 Surprising Facts About the Michelin Man*）。

他们会从我从未想过的角度提问，这让我常常惊叹于孩子的观察力、感性和好奇心。孩子们尚未对大千世界建立完整的知识体系。对他们来说，采用精细提问的方式，不断地追问"为什么"和"怎么回事"，是能够高效吸收知识的重要学习方法。

我不仅回答问题，也会经常问孩子们："你觉得为什么会这样呢？"

例如，最近看到落叶，我们聊到了为什么会有季节，进而说到地球是倾斜的。然后，我们探讨了为什么地球会倾斜，这涉及一个叫作"大碰撞假说"的理论：据说在大约 45 亿年前，一个叫忒伊亚的星体撞击了地球，导致地球倾斜。孩子们接着问："忒伊亚后来怎么样了？"我告诉他们，忒伊亚的碎片变成了月球和地球的一部分，至今可能仍有残块存在于地球内部[53]。

当孩子们问到我不知道的问题时，我会和他们一起查资料，或者我自己查，然后尝试用孩子们能理解的方式解释。这样一来，我也有机会学到新知识或更新原有的认知。即使是针对日常生活中的小细节，比如"为什么天空是蓝色的""太阳周围明明没有氧气，为什么看起来像在燃烧""为什么英语的道别词是goodbye"等，像孩子一样追问"为什么"，既能增加知识深度，又能让日常生活充满乐趣。

本书多次引用的邓洛斯基教授等人的报告，对精细提问的评价如下：

"我们认为，精细提问具有中等程度的有效性。"

与主动回忆和分散学习相比，对精细提问的有效性评价较低，主要原因包括对几乎没有所学领域知识的学习者来说，使用精细提问的效果可能不如有基础知识的学习者；精细提问的长期效果未得到充分验证[5]。

◎ 什么是自我解释

与精细提问类似，被认为效果显著的学习方法还有"自我解释"。自我解释指的是，学习者在学习时，向自己解释对于学习内容与过程的理解。我们在解数学或物理等题目时，会向自己说明题意和解题过程，这就属于自我解释。自我解释的范围比精细提问更广，因此这个概念可能有点难以理解。以下是一些能够引导自我解释的说法。

> **问题：**什么是精细提问？用小学生也能理解的话来解释。

- "请用自己的话来解释这条信息。"

- "在这一页中，什么是你已经了解的？什么是新知识？"

- "这条新信息与你已经了解的内容有什么关联？"

- "哪些地方你还没有理解？"

将所学内容用自己的话解释给自己，将新知识与已有知识联系起来，客观地评估自己的理解程度，这就是自我解释的过程。

"自我解释"也包括客观评估自己的学习过程。例如，意识到"这里我似乎还没有完全理解"或"这一部分我已经很清楚了"。因此，这一过程需要用到"对自己的认知进行认知"的元认知能力。元认知能够让人客观地审视自己的思考和学习过程，在学习中非常重要。

让我们举一个关于自我解释的例子。假设你正在学习人体摄取的碳水化合物是如何代谢的：面包、米饭、面条等含大量碳水化合物的食物在消化过程中被分解为葡萄糖；葡萄糖被进一步分解，最终在氧气的作用下生成身体的能量"货币"——三磷酸腺苷（ATP）。

在读到这些信息时，你可能会想到："原来这个过程需要用到氧气，这就意味着，在体内能量生成方面，呼吸和进食是相互关联的。"或者，你想到："我学过植物和浮游植物利用太阳能，将二氧化碳和水转化为氧气和碳水化合物。我们通过摄取碳水化合物所获得的能量，归根结底是与太阳能相关的呀。动物依赖植物和太阳生存。"

此外，糖代谢大致可分为"糖酵解""柠檬酸循环"和"氧化磷酸化"三个阶段。你可能会说："我对柠檬酸循环已经比较清楚，但对氧化磷酸化还理解得不够到位。"这种对自己理解程度的描述，也是自我解释的一种形式。

自我解释不仅对深入理解文章有效，还在数学、物理、益智游戏等多个领域中展现了效果[50][54][55]。邓洛斯基教授等人的报告指出，自我解释与精细提问一样，具有"中等程度的有效性"[5]。

虽然自我解释在多数情况下是有效的，但使用时也需要注意一些问题。首先，有些人擅长自我解释，有些人则不太擅长，后者可能需要进行专门训练。其次，与常规学习相比，自我解释通常需要更多时间（有些研究表明需要 1.3 ~ 2 倍的时间）。

在收集信息时，我们要主动问自己"为什么"和"怎么回事"。尝试用自己的话来解释新信息，并将其与已有知识联系起来。也就是说，我们要将自己已经知晓的和难以理解的内容用语言表达出来。有意识地运用精细提问和自我解释的学习方法，可以显著提高学习效果。

精细提问和自我解释，是每个人在学习过程中都或多或少会进行的思维处理。我会经常在大脑中进行这样的处理。我认为，先将新信息与已有知识关联起来，再去理解知识，就可以逐步搭建起知识体系。

◎ 自我解释有助于制订学习计划

值得一提的是，自我解释的一个要素是"客观地评估自己的理解"，它不仅对实际学习有帮助，也在制订学习计划时发挥着重要作用。

例如，在备考前，我常常会量化自己的理解程度。如果要学习的内容包括消化内科、神经内科、循环内科、血液内科等，我会计算各科占比来备考："根据考试要求，我目前对消化内科大约掌握了 70%，再花一两天复习，应该就差不多了；对血液内科知识掌握得还很少，大约是 40%，还需要四五天时间复习吧。"

认知自己对考试内容的掌握与理解程度，并将这一元认知反映到学习计划中，我就能够在考前尽量弥补自己的薄弱项。了解学习内容及相应的理解程度，可以最大限度地安排出宽裕的学习时间。

此外，我想很多人在做练习题时，不仅会关注对错，还会思考"这道题对我来说有多难，需要复习多少"吧。我在使用纸质练习册时，如果能毫不犹豫地回答正确，就会打一个对勾（√）；如果回答正确但犹豫了，就画一个三角（△）；如果回答正确但有蒙对的成分，或答错了，就画一个圆圈（○）。在复习时间紧迫时，我会跳过有对勾标记的问题，重点复习标有三角和圆圈的问题。

复 | 习 | 笔 | 记

☑ 精细提问是一种怎样的学习方法？

_____

☑ 自我解释是一种怎样的学习方法？

_____

☑ 什么是主动回忆？说一说主动回忆包括哪些方法。

_____

☑ 什么是分散学习？

_____

☑ 什么是生产效应？

_____

☑ 时不时放下本书，将你还记得的内容都写在纸上。

_____

_____

_____

4

交叉学习

▼

◎ 什么是交叉学习

接下来，我将介绍一种科学有效的学习方法——交叉学习（interleaving）。在日语中，interleave 这个英文单词被翻译为"交替重叠"或"在（页面）之间插入（特定页面）"。

简单来说，交叉学习法指的是，对一些相似但不同的技能或主题，进行交替式学习。

◎ 大脑会记住动作

交叉学习不仅适用于获取知识，也可以用于提升运动技能。因此，若你现在正热衷于某项运动，就可以参考这个学习方法。因为大脑会记忆身体的动作，所以运动技能其实也属于一种记忆类型。在此，我想介绍一下交叉学习在提升运动技能方面的效果。

🔍 相关研究

先介绍一项著名的沙包投掷研究，它是 1978 年在渥太华大学进行的 [56]。

这项研究以 36 名平均年龄为 8.3 岁的儿童为研究对象，让他们参加了为期 12 周的运动项目。在研究中，研究人员在孩子们面前设置一个屏障以遮挡视线，让他们膝盖着地，向目标投掷直径约 2.5 厘米的沙包。孩子们在看不见目标的情况下进行投掷，投掷后再查看沙包距离目标有多远。这是一种较为特别的沙包投掷练习，目的是测试孩子们在不看目标的情况下能投中多少。

每个孩子在一轮中投掷 4 次，共进行 6 轮。前 4 轮为练习环节，后两轮为测试环节。研究人员将孩子们分为两组。

- A组：只练习瞄准约 90 厘米远的目标
- B组：练习瞄准约 60 厘米远的目标两轮、约 120 厘米远的目标两轮

在测试环节中，两组孩子都瞄准约 90 厘米远的目标。这就意味着，B组在练习环节中没有瞄准过这个距离。

在练习前，两组孩子的投掷准确度相同；但在 10 周后的测试中，结果非常有趣，同样瞄准约 90 厘米远的目标，投掷得更准确的是 B组，即那些在练习环节中瞄准约 60 厘米和 120 厘米远目标的孩子。

类似的研究也在平均年龄为 12.5 岁的儿童群体中开展，结果同样显示，在练习中瞄准不同距离目标的孩子们，投掷沙包会更准。

差不多同一时期（1979 年），科罗拉多大学的研究人员发表了题为"运动技能的习得、保持和迁移中的情境干扰效应"的论文，该文至今仍被广泛引证[57]。光看标题，是不是觉得不好理解？实际上，情境干扰效应指的是这样一种现象：相比于按照顺序逐个练习（分块练习），将不同技能或任务混合练习（随机练习），最终更容易取得好的学习成效。

　　在这项研究中，研究人员制作了一种装置，上面有两个洞、一个警示灯、三个彩灯（蓝色、红色、白色）和六块板（见图 2-11）。按下开始按钮，待警示灯亮起，彩灯随之亮起。右手取出洞中网球，按指定顺序击倒六块板，最后将球放入靠后的另一个洞中。研究考察的是参与者能以多快的速度完成这一系列动作。

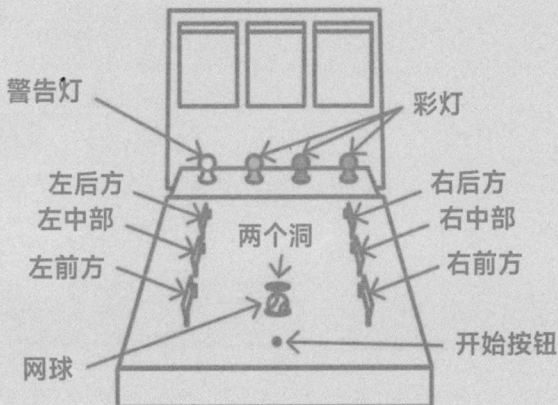

图 2-11　实验中的装置

　　在此过程中，击倒木板的顺序取决于发光灯的颜色。例如，要是蓝灯亮了，则按照以下顺序击倒木板：右后方、左中部、右前方；要是红灯亮了，则按照以下顺序击倒木板：右前方、左中部、右后方。

有 72 名大学生参与了这项研究。学生们进行打板练习，一轮打 18 次，共练习三轮（共 54 次）。研究人员在练习结束的 10 分钟及 10 天后，分别测试学生们完成这一系列动作的速度。学生们主要被分成以下两组：

- A组（分块练习）：先用一种颜色的灯练习 18 次，再用另一种颜色的灯练习 18 次，以此类推
- B组（随机练习）：每次发光灯的颜色都不同

针对每一种颜色的灯的练习，两组学生进行的次数都相同。在练习阶段，A组学生完成得更快。但练习结束后，在两次随机亮灯测试中，B组学生的完成速度远远快于A组。

除了上述两项研究，其他多项研究也验证了交叉学习对运动技能的影响。

相关研究

1986 年发表的一篇论文中，研究人员对 30 名没有球拍运动经验的女性进行了研究。研究内容是练习羽毛球的三种发球方式。她们被分成三组，每周练习 3 天，持续 3 周[58]。练习安排为，每轮练习 12 次发球，一天进行 3 轮（每天发球 36 次，3 周共发球 324 次）。

- A组（分块练习）：每天只练习一种发球方式
- B组（有序练习）：每天依次练习三种发球方式（例如：小球→远球→低平球，循环往复）
- C组（随机练习）：要求不能连续打出相同的发球，每一轮随机练习三种发球方式

练习结束后的第二天，研究人员对她们进行技能测试，并根据三种发球的轨迹和羽毛球落点进行打分。在练习中，她们是从球场右侧发球的，测试时要求她们从球场左侧发球，以评估发球技术的熟练度。结果显示，随机练习三种发球的C组得分最高，而集中练习一种发球的A组得分最低。

由此可见，要想提高运动技能水平，最好不要做单一的重复训练，而要将多个相似的训练混在一起，交替练习。这一点在其他运动项目中也得到了验证[59]，例如高尔夫球挥杆、篮球传球[60]、排球技巧[61]、棒球击球[62]等。

此外，交叉学习在音乐领域中同样有效，比如吹单簧管[63]或弹钢琴[64]。

以上就是关于交叉学习与运动技能的论述。篇幅似乎长了些，我也是让热爱运动的人能够从中获益。

问题： 什么是交叉学习？

◎ 令人惊讶的差距

研究证实，交叉学习在我们的日常学习中也是有效的。

🔍 相关研究

在算术和数学领域，交叉学习的效果尤为显著。例如，2007 年，南佛罗里达大学的道格·罗勒和凯莉·泰勒进行了一项研究[65]。

在这项研究中，大学生们先熟悉了四种立体（见图 2-12）的体积计算公式，然后解答实际问题。其间，学生们被分成随机学习组与分块学习组。

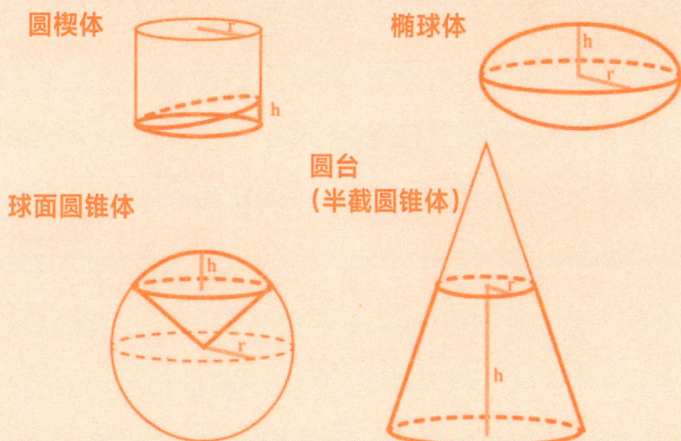

圆楔体

椭球体

球面圆锥体

圆台
（半截圆锥体）

图 2-12　各种立体

进行分块学习的小组，先学习求解一种立体的体积公式，然后解 4 道关于该立体的体积问题（例如，先学习如何求椭球体的体积，然后解 4 道关于椭球体的题）。其余立体同理，最终共解答 16 道题。

　　进行随机学习的小组，先统一学习四种立体体积的求法，然后解 16 道立体体积问题，其中四种立体交替混合。

　　第一次练习后，间隔一周再重练一次。在第二次练习结束一周后，进行测试。结果如图 2-13 所示。

　　在练习阶段，分块学习组的正确率为 89%，高于随机学习组的 60% 的正确率。但在实际测试中，随机学习组的正确率为 63%，远高于分块学习组的 20% 的正确率。

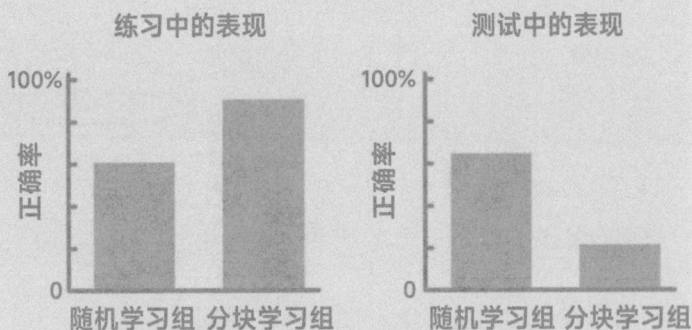

图 2-13　不同学习法在练习和测试中的正确率

　　罗勒和泰勒还对小学四年级的学生进行了类似的研究[66]。

学生们观察图 2-14，学习如何根据已知的棱柱底面边数（b），求解棱柱的面数、棱数、顶点数和角数。随后，他们解答了相关题目。

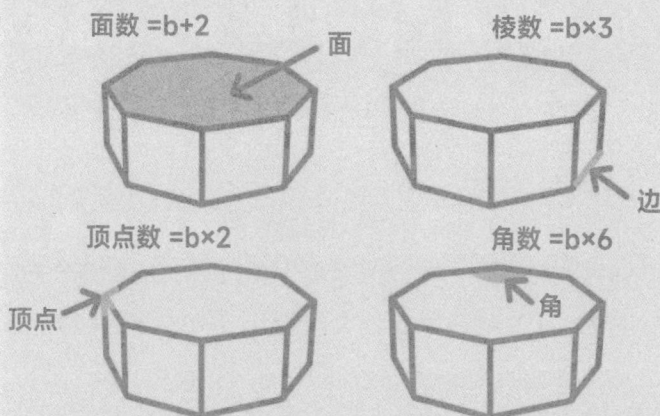

面数 =b+2　　面

棱数 =b×3　　边

顶点数 =b×2　　顶点

角数 =b×6　　角

图 2-14　棱柱的面数、棱数、顶点数、角数的计算公式

　　在这项研究中，学生被分为两组：分块学习组（按序做题）和交叉学习组（打乱题型），以比较两种学习方法的效果。

　　在练习阶段，分块学习组的正确率为 99%，高于交叉学习组的 68% 的正确率；但在一天后的测试中，交叉学习组的正确率为 77%，远高于分块学习组的 38% 的正确率。

　　此外，这两位研究者还通过对 700 多名公立初中的学生进行随机对照试验，在校内的实际数学课程中确认了交叉学习的效果[67]。

随机对照试验是指，将研究参与者随机分配到不同组别，以检验特定干预（这里指交叉学习）的效果。该研究将 54 个班级随机分为两组，一组进行交叉学习，另一组进行分块学习。在大约四个月的时间内，学生们在课堂上做完了九套练习册，并在约一个月后进行了一次突击测试。

交叉学习组定期完成的练习册中，涵盖一元函数图像题、不等式题、合并同类项题及圆周率相关问题。分块学习组在做每套练习册时，则只集中练习一种特定的题型。例如，在一套练习册上只做一元函数图像题，两个星期后，在另一套练习册上只做合并同类项题。

为了保证无论哪种题型的题目，从做完到最终测试的时间间隔都是均等的，两组学生所做的第九套练习册内容相同，包含全部四种题型。

突击测试的结果显示，交叉学习组学生的正确率为 61%，而分块学习组学生的正确率为 38%，前者明显高出后者许多。

仅仅是课堂练习册的编排方式不同，就能导致近 23% 的差距，着实令人惊讶。事实上，在这项研究中，由于交叉学习组更频繁地进行了间隔重复，因此可以说这个差距也体现了间隔重复的效果。即便如此，这一结果依然发人深思。如果我是数学老师，我一定会引入交叉学习（加间隔重复）这种学习方法。

在分块学习中，学生做题时知道自己应该用哪些概念或公式；而在交叉学习中，学生必须自己思考，每个问题都应该用上哪些概念或解法，因此这种学习方法更有挑战性。在实际考试中，题型是混合的，学生需要自己找出解法，因此交叉学习能更好地为考试做准备。

不仅是数学领域，交叉学习在其他各种领域也很有效[5][68]。例如，心电图[69]、化学[70]、鸟类分类[71]、绘画（判断作品出自哪位画家）[72][73]等。

◎ 感受不到效果

人们在进行交叉学习时，答题正确率往往低于分块学习时的答题正确率。这就导致人们不容易感受到交叉学习的效果。有人做过调查，问学生觉得分块学习和随机学习哪种更有效，结果显示，超过八成的学生认为分块学习更有效[72]。

在讲解主动回忆时，我提到，学习结束后，进行了唤醒练习的小组的人并没有觉得自己的学习效果比其他组更好。交叉学习同样如此，即"学习者本人有时很难察觉学习的真正效果"。

◎ 交叉学习的注意事项

交叉学习在各类学习场景中都是比较高效的，不过我们也要注意一些问题。

首先，将完全不同学科的内容混在一起学，效果并不理想。例如，有研究表明，在用抽认卡学习时，如果将印度尼西亚语和解剖学术语等完全不同的内容混在一起，那么交叉学习的效果并不显著[74]。

其次，一项研究报告称，研究人员在给五年级小学生讲解"分数"时，分别尝试了分块学习法和交叉学习法；对一些基础薄弱的学生来说，分块学习反而效果更佳[75]。

由此可见，对于压根不理解的内容，最好先进行分块学习；等理解得差不多了，再引入交叉学习，效果或许会更好[5]。

邓洛斯基教授等人在报告中，是这样评价交叉学习的：

"根据现有的科学依据，我们认为交叉学习具有中等程度的有效性。" [5]

报告还提到，与主动回忆等学习方法相比，关于交叉学习的研究数量较少；此外，还有研究表示未能证实交叉学习的有效性；交叉学习是否能在任何背景（包括学习者的能力、教材的难度等）下都奏效，目前也尚不明确。

◎ 将资格考试的题目打乱

回顾我的学习历程，交叉学习也是我常用的一种方法，尤其是在大型考试前。以美国的内科专科医生考试为例，在美国，即使通过了内科专科医生考试，基本上每隔 10 年也要重新学习，然后再考一次。毕竟医学知识在不断更新，在这样的考试机制下，我们要定期系统地重学内科知识，这其实是大有裨益的。

内科的知识范围很广，包括呼吸内科、重症监护内科、心血管内科、神经内科、肾内科、内分泌内科、血液内科、肿瘤内科、风湿内科、过敏内科、感染内科等。美国内科专科医生考试的官方教材大约有 2300 页（见图 2-15），并配有数千道在线试题。

以肾内科为例，其内容包括肾功能评估方法、输液及电解质异常、酸碱平衡异常、高血压、慢性肾小管间质性肾炎、肾小球疾病、遗传性肾脏疾病、急性肾损伤、尿路结石、妊娠期肾功能、慢性肾病等多个领域。

在准备这个资格考试时，我通常会先看教材再做题，采用的是交叉学习的方法——打乱题目顺序。具体而言，当我学习肾内科的内容时，我不是看完"电解质异常"这一章就马上做相关试题，而是多看几章，将肾内科的各类试题混在一起做。

图 2-15　备考教材

假如读完"肾炎"这一章就立刻做相关试题，那么题目做起来简直毫无压力。我个人觉得，读题后思考"这是在考肾炎吗，还是在考别的"，才能增加学习的必要难度，促进对知识的理解。

◎ 学以致用

面对不同的问题，灵活运用各种知识，就可以培养灵活性思维。在临床实践中，常有从急诊转入住院的患者，其病症尚未确诊。诊断的流程并不轻松：我们要与患者及其家属交谈，为患者体检，再结合血液检查和影像检查等客观数据，考虑患者患有多种疾病的可能性，最终进行诊断。这就是考验知识应用能力和灵活性思维的时刻。

我曾经诊断出几种其他医生均未能诊断出的疾病：反复出现单腿瘀斑的坏血病（维生素 C 缺乏症）、由药物相互作用引起的库欣综合征（全世界仅有几例报告）、由克氏锥虫引起的严重心衰（恰加斯病）、（10 多年来未被确诊的）系统性红斑狼疮引起的心衰，以及由非洲嗜人瘤蝇蛆引起的皮肤病等。我之所以能诊断出罕见病，可能正是因为我在日常诊疗中采用了交叉学习法。它不仅增加了我的知识储备，而且帮助我培养了知识应用能力。

在平时的学习中，如果你想快速实践交叉学习法，那么可以多做一些模拟题和历年真题。不同试题的交叉混合，可以帮助你提高知识的应用能力。

当然，实践方法还有很多：在看数学教材或教辅书时，你可以将前后章节的课后题混在一起作答；在用问答式教辅书学习历史时，你可以打乱时代顺序来回答问题。积极地思考如何让交叉学习为我所用吧！

复 | 习 | 笔 | 记

☑ 交叉学习是一种怎样的学习方法？

_____

☑ 什么是熟练度错觉？

_____

☑ 什么是精细提问？

_____

☑ 自我解释是一种怎样的学习方法？

_____

☑ 什么是主动回忆？

_____

☑ 在邓洛斯基教授等人的报告中，哪些学习方法"有效
性高"，哪些"有效性中等"？

_____

_____

第 3 章

古老的记忆术，
帮你搞定难记内容

古老的记忆术，帮你搞定难记内容

在前面的章节中，我们介绍了许多关于学习的论文，讨论了一些科学高效的学习方法。只要尝试使用这些方法，你就会发现自己的学习效率有了明显提高。不过，在学习过程中，有些信息实在很难被记忆，哪怕用上这些方法也收效甚微，比如，难记的英语单词、一连串数字、年份和不太熟悉的专有名词等。

任务：将你还记得的本书内容写在纸上。

"就要考试了，怎样才能牢牢记住考试内容？"这种时候，我推荐使用"记忆术"。

记忆术这个词，看上去是不是很有欺诈性？我小时候，经常在杂志上看到记忆术的函授课程广告，当时总觉得"不太靠谱"。不过，后来我了解到，记忆术是古人发明的一种"思维方式"，它确实能让人更容易记住难背的东西。

简单来说，记忆术就是**将不好记的内容，转换成好记的图像**。

文字对于人类大脑来说，是相对新颖的信息形式。据说生物获得大脑是在约 5 亿年前，而人类最早的文字体系源于公元前 3000～3500 年，由美索不达米亚的苏美尔人建立。于是我推测，人脑相对不擅长直接记忆文字类信息，远古时期的人类或许主要通过视觉图像或地点来记忆生活中的重要信息。例如，当一个人在大自然中寻找食物时，如果他找到了葡萄，还觉得很好吃，他就会记忆葡萄的视觉图像：一种果实圆圆、连接成串的甜水果。

总之，将文字和数字转换成图像来记忆，是有一定道理的。古人想必是发现了"这样真的很好记"，才把这种方法记录了下来。

公元前 1 世纪的著作《献给赫伦尼乌斯的修辞学》（*Rhetorica ad Herennium*），是记忆领域最重要的资料之一。书中提到，记忆分为两种——自然记忆和通过训练增强的记忆（技术记忆），其中技术记忆需要用图像来辅助。如今书店里有很多关于记忆术的书，其中所写的内容，本质上就是 2000 多年前古人所记载的方法。

◎ 图像转换法

讲到这里，也许你会疑惑：将难记的内容转换成图像，是什么意思？下面我会进一步解释。

我们先以数字为例。在学习的过程中，我们有时需要记住年份或一连串特定的数字。直接记住这些数字可能比较困难，但转换成图像就容易多了。

那么，如何将需要记住的内容转换成图像呢？方法有很多。在英文环境下长大的人可能要用上一些特殊的转换方法，日本人则可以使用简单有效的"谐音记忆法"。例如，我会把数字 14 转换成"石"或"医师"等谐音词①。此外，还可以通过想象熟人的面孔，将 14 与姓"石井"或"石田"的人联系起来（见图 3-1）。

---

① 在日语中，1 有 ichi 的发音，4 有 shi 的发音，组合起来可以略读为"ishi"，与石、医师的发音一致。——译者注

图 3-1 "图像转换法"示例

不过，与常见的用谐音记年份的方法不同，我在联想的时候，会尽量选择自己能清晰记忆的"人"或"物"。

每个人的生活环境、经历，以及从数字和词语中联想到的图像都不同，因此所谓的"合适图像"也是因人而异的。我认为，遍历已有的知识和经验来构建图像，是一件相当有趣的事情。

图像转换法不仅可以用来记年份，还可以记英语单词或其他难记的词。下面以实用英语技能检定一级中的一些单词为例。

- sneer：嘲笑

- ascension：上升

- dearth：不足、缺乏

- petulant：不高兴的、易怒的

　　对于这类英语单词（不限于英语，其他外语单词也一样），虽然可以通过主动回忆和间隔重复来记忆，但如果觉得不太熟悉、太难记，也可以尝试使用图像转换法。

　　首先，让我们看看 sneer 这个词。通过发音，我联想到了《哆啦 A 梦》中出场的"小夫"（日语发音为 suneo）。为了让单词的意思也包含在图像中，我想象小夫正在嘲笑大雄。这样一来，下次看到 sneer 这个单词时，我的脑海中就会浮现出嘲笑大雄的小夫，由此回忆起"嘲笑"的意思。

　　ascension 是一个稍长的单词。对于这样的词，可以将其拆成两部分，看能不能将两个图像拼接起来。首先，头几个字母可以当成"汗"（ase），接着把最后的"sion"想成"syon 便"（小便）[①]。虽然有点粗俗，但一切都是为了记住，所以只要图像合适，就放下羞耻心，大胆使用吧！然后，我们将这两个图像与单词的意思联系起来。想象一下，自己去爬山，半路上出汗了，因为找不到卫生间就在树荫下小便。下次看到 ascension 时，从自己流汗、小

[①] 日文中汗的发音为 ase。sion 在日文中发音为 syon（发音类似中文的"凶"），与"小"的发音"syou"很接近，因此可以通过谐音联想。——译者注

便、攀登的图像中，我们就能回想起"上升"这个意思。

从 dearth 这个词中，我联想到了电影《星球大战》中的达斯·维达（Darth Vader），他看起来很寂寞、很"缺"爱。或者，想象把森永的巧克力"DARS"分给朋友时，发现数量"不足"的情景。

那么，"petulant"又该怎么记呢？首先，将"petulant"中的"petu"转换成《精灵宝可梦》中出现的"皮卡丘"（Pichu）。接着，把后半部分的"lant"看作"land"，进而转换成"迪士尼乐园"（Disneyland）。想象一下，皮卡丘去了迪士尼乐园，因为它的宝可梦伙伴不在，皮卡丘非常不高兴。或者，想象秘鲁的"马丘比丘"建了一座迪士尼乐园，导致当地人很不高兴。

不过，不是所有的英文单词都容易转换成图像，最好将这种方法用于那些"难记"且"容易转换成图像"的单词。

至此，以简短的数字（年份）和单词为例，我介绍了自己常用的图像转换法。不知道你有没有掌握其中的要点呢？

◎ **故事法**

在准备资格认证等各类考试时，我们时常需要记住更多、更长的数字或单词表。这时，我会使用一种叫"故事法"的记忆术。它指的是，将需要记住的内容转换为图像，并将这些图像拼接成一个故事。

很多讲解记忆术的书，会罗列一些名称，按顺序教你记忆。不过，我想以更贴近现实的方式来介绍这种记忆术。

下面，让我们使用记忆术，来记住简化版的中国历史时期顺序：夏→商→周→秦→汉→三国→晋→隋→唐→宋→元→明→清→中华民国。

首先，看到"夏"字，我们马上就能联想到夏季。想象一下，盛夏时节，你在午休时站在学校操场上，烈日让你汗如雨下，蝉鸣不绝于耳……尽量把这一幕想象得鲜活生动。

接下来的"商"，很容易让人联想到"商人"。说到商人，我

马上就想到了头戴帽子的商人。想象这时，这个商人来到了炎热的操场上。

然后是"周"字，从它的日语发音是"syuu"，可以联想到冰凉甜美的"泡芙"①。想象盛夏时节，你站在炎热的操场上，这时商人过来卖冰冰凉凉的泡芙，你买了一些大快朵颐。记得将"冰凉、甜美、好吃"的感觉也纳入其中。

① 在日语中，"周"（シュウ）和"泡芙"（シュークリーム）首音相近，"泡芙"的日语源自其法语名。——译者注

接下来是"秦"字。"shin"这个日语发音，让人首先想到的是"辛拉面"这种味道很辣的方便面。想象自己在吃完甜甜的泡芙后，肚子仍然很饿，于是你吃起了辛拉面。

真倒霉，刚吃了一口辛拉面就打铃了，你的午休结束了。接下来的"汉"字，让我想到了"汉字"。午休结束后就要进行汉字考试。想象自己没有吃完辛拉面，遗憾地回到教室参加汉字考试。

接下来是"三国",这让我联想到魏国的曹操、蜀国的刘备、吴国的孙权这三位领袖。不过,我也不太清楚他们的长相,就将他们转换为"三个男人"吧。想象在汉字考试结束后,这三个男人来接自己。

接着是"晋"字,"shin"这个日语发音又出现了,可以把它转换为"新干线"。想象自己因为没吃完午饭,决定和他们三位一起坐新干线,去另一个城市吃大餐。还可以想象自己暗暗感叹:"真不愧是三位英雄,竟然为了一顿午饭特地坐了趟新干线。"

接下来是"隋"。由于"zui"这个日语发音不容易让人联想到具体的事物，可以转换为"楚（日语发音为 zuwai）蟹"[①]。想象大家为了庆祝汉字考试结束，一起豪迈地享用楚蟹火锅。

吃楚蟹火锅时，发现里面有非常辣的"唐"辛子，自己不小心吃到了。

---

① 楚蟹是一种日本名蟹，"楚"在古日语中指纤细的树枝。这种螃蟹又叫松叶蟹、灰眼雪蟹等。——译者注

唐

←————————

　　"唐"之后是"宋"（日语发音为 sou）和"元"（日语发音为
gen）。可以把它们一起转换为"草原"（日语发音为 sougen）。吃
了蟹锅里非常辣的"唐"辛子后，你辣得受不了，冲出餐厅，发
现外面是一片草原。你心想："咦，刚刚还是城市，怎么变成草原
了呢？"

宋·元

←————————

你在草原（宋和元）上呆站着，突然被一束非常明亮的光晃得睁不开眼。这是将"明"转换成了明亮的光。

接下来是"清"。由于它的发音还是"shin"，之前已经出现两次了，这里可以联想成知名学府"清华"。想象那束耀眼的光芒逐渐消失后，你慢慢睁开眼睛，发现自己竟然站在清华大学的校门前。

好，现在让我们将以上画面拼接成一个故事。首先，你站在夏日的学校操场上，一个商人（商）过来，卖给你冰凉甘甜的泡芙（周）。然后，你吃了一口辛拉面（秦），这时打铃了，你去参加汉字考试（汉）。考试结束后，三个男人（三国）来接你。他们带你坐新干线（晋），一起去吃楚蟹火锅（隋）。吃火锅时，你不小心吃到了非常辣的"唐"辛子（唐），于是冲出餐厅，发现外面是一片草原（宋、元）。你被一束明亮的光（明）照得睁不开眼。慢慢睁开眼后，发现自己竟然站在清华大学（清）的校门前。

只要在脑内多次重复这个故事，你就能轻松愉快地记住中国的大致朝代顺序了。

我们再来做一个练习吧：人乳头瘤病毒是引发宫颈癌的主要病毒，我想记住相关的基因型。

人乳头瘤病毒是一种十分常见的病毒，会感染皮肤和黏膜。这种病毒有 100 多种基因型，其中"高危型"会引起宫颈癌、口腔癌和肛门癌等，因此具有重要的医学研究价值。在高危型中，最重要的基因型是 16 型和 18 型，此外还有 31 型、33 型、35 型等（见表 3-1）。

设想一下，马上就要考试了，要记住这么多数字，想想都觉得头疼。该怎么记住它们呢？下面我就以此为例，来介绍我的记忆方法。

表 3-1　人乳头瘤病毒基因型分类

致癌危险性分类	人乳头瘤病毒基因型
高危型	16、18、31、33、35、39、45、51、52、56、58、59、68、73、82
中危型	26、53、66
低危型	6、11、40、42、43、44、54、61、70、72、81、89

资料来源：日本性传播疾病学会杂志《性传播疾病诊断·治疗指南 2006》

第一个数字 16，让我立刻想到了铃木一朗[①]。也许你会忍不住吐槽："喂喂，说到铃木一朗，不应该是他在欧力士和西雅图水手队穿的 51 号球衣吗？"但在这里，请允许我把 16 和一朗联系在一起。由于要记的是"人乳头瘤病毒"的基因型，我从"乳头瘤"（papilloma）联想到了冰激凌"固力果"（papico），想象一朗叼着冰激凌站在击球区。

第二个数字 18，它的日语谐音是"iya"，所以我把它转换成"耳机"（日语发音为 iyahon）。于是，一幅奇妙的画面出现了：一

---

① 铃木一朗是日本知名棒球选手。在日文中，他的名字一朗（日语发音为 ichiro）与 16 的发音接近。——译者注

朗叼着固力果，站在击球区，头戴一副大耳机，摇头晃脑地听着嘻哈音乐。这样一来，我就记住了乳头瘤、16 和 18。

第三个数字 31，可以通过谐音，联想到动物"犀牛"（日语发音为 sai），于是我想象犀牛朝着一朗冲了过来。

第四个数字 33，它可以转换成"耳朵"（日语发音为 mimi）[①]。我想象犀牛冲过来，咬掉了一朗的耳朵。咬掉耳朵的画面让人不太舒服，要不要换一个呢？其实什么画面都可以，关键在于顺应自己的内心，优先选择自己能自然联想到的画面。

第五个数字 35，我立刻就联想到了"珊瑚"（日语发音为 sango）。我想象一朗的耳朵被咬掉后，耳根那里竟然长出了一大片珊瑚！最好带着这种惊讶的情绪，来记忆这个场景。

现在，让我们将以上画面拼接成一个故事：叼着固力果的一朗（16），正戴着耳机（18）听音乐，站在击球区。这时，一头犀牛（31）冲了过来，咬掉了他的耳朵（33），结果耳根那里竟然长出了珊瑚（35）。

只要多回想几遍这个故事，就能轻松愉快地记住高危型人乳头瘤病毒的 5 个基因型。如果想记住更多，你可以将数字不断地

---

① 日语分音读和训读，数字均有多个发音方式，比如 3 可以读作"san"，也可以读作"mi"，其他数字同理。——译者注

转换为画面，并组织成故事。大胆突破中规中矩的画面，越是那些令人难以置信的、有趣的，甚至是不舒服的、恐怖的图像，越容易引起情感共鸣，进而加深记忆。其原理在于，当调节情绪的杏仁核活跃时，记忆更容易留存[76]。

公元前的著作《献给赫伦尼乌斯的修辞学》中，也提到了关于记忆图像的内容[77]。

"在记忆图像中，有些是强烈而清晰的，能够深深地唤起记忆；有些则是微弱的，几乎不能唤起记忆……其实，自然已经告诉了我们答案。如果认为事物是琐碎、平凡且无聊的，我们通常就不会记住，因为心灵没有被新奇或冲击扰动。不过，例外的事情、不光彩的事情、离奇的事情、惊人的事情、令人难以置信的事情、让人开怀大笑的事情，或许可以被记住很长时间。在所见所闻之中，往往是那些司空见惯的最容易被遗忘。"

（出自《献给赫伦尼乌斯的修辞学》）

将数字转换为图像的过程，最初可能让你觉得费时又费力，但熟练之后，你就能在较短的时间内，创造出独属于自己的有趣图像，请务必尝试一下。这里我建议，可以先拿自己的信用卡号或历史年份进行记忆练习。

◎ **地点法**

除了故事法，记忆术中还有一种知名的方法——"地点法"，这种方法也被称为记忆宫殿法、旅程法、位置记忆法等。它是记忆力大赛选手们常用的方法，采用这一方法的目的是按顺序记住大量内容。我个人在日常学习中不怎么使用它，如果你在准备一些资格考试，需要按顺序记东西，那么地点法可能会派上用场。

在使用地点法时，你先将要记住的东西转换为图像，然后在自己熟悉的地点，比如家里、上学路上或职场中，确定"记忆的存放地点"并放置图像。具体来说，如果把自己的家当作记忆图像的放置地点，那么可以先确定存放的位置和顺序，比如门、玄关、洗手池、厨房的冰箱、餐桌、沙发、卧室等，然后在脑海中把图像放置在相应位置上。之后，在脑海中按顺序从头到尾"走"一遍，同时回想自己在各处存放的记忆图像。

这里以前文中为人乳头瘤病毒创建的记忆图像为例，我们来看看如何将其带入地点法。首先，想象你回到家时，看到一朗站在门口，这让你无比惊讶，也难掩兴奋："哇，一朗来见我了！"进门后，想象玄关处放着一个与你身体一样大的耳机，你费了好大劲才进了屋；接着，走到洗手池前，想象那里有一头犀牛，散发着一股动物园的气味；走进厨房，想象冰箱的门上长满了耳朵，令人毛骨悚然；然后，想象餐桌不是木制的，而是珊瑚制的，表面凹凸不平，自己在心中抱怨："虽然很新潮，但吃饭就不方便了。"

（见图 3-2）

图 3-2 "地点法"示例

碍于篇幅，这里不再一一赘述。总之就像这样，把记忆图像存放在预先确定的地点，再在脑海中按顺序"走"一遍，便能想起门口的一朗、进门后的耳机、洗手池前的犀牛等场景。

很多人可能都有这样的经历：去朋友家玩，哪怕只转了一圈，也能记得冰箱和卫生间的位置。人的大脑不仅对图像十分敏感，对"地点"也是如此，地点法正是利用了这一特性。

记忆力大赛选手们就经常使用地点法，尤其是在需要短时间内精准记忆整副扑克牌的顺序时。在选手们记忆时，有研究者用功能性磁共振成像观察他们的大脑活动，可以看到与空间记忆相关的区域被激活[78]。这可能是因为他们正在脑海中"走"过记忆的存放地点。

若要详细讲解这些记忆术，可能要再写出一本书了。实际上，书店里就有不少记忆术选手所作的书。感兴趣的话，你可以去读一读。我推荐乔舒亚·福尔的《刻意练习记忆》（王旭译，文汇出版社出版）。

至此，我们列举了年代、英语单词、中国朝代及人乳头瘤病毒的基因型，讨论了记忆术在学习中的应用。

最后，我们还是来看看邓洛斯基教授等人在报告中是如何描述记忆术的。报告中提及的是"关键词法"，是一种在脑海中将信息形象化来记忆的技巧。自 20 世纪 70 年代以来，人们在研究中不断考察这一方法的有效性，特别是在记忆外语单词方面[5][79]。

多项研究证实，从小学生到大学生，包括有学习障碍的学习者，只要使用记忆术，均能取得一定的成效。然而，报告中同样指出了记忆术的缺点：需要一定的训练，有些词语很难形象化，以及长期的记忆效果未得到验证。因此，报告得出的结论是，与效果已得到证实且无须训练即可使用的主动回忆法相比，记忆术的有效性较低。对此我也深有同感。不过，对于特别难记的内容，记忆术有时还是会起到一定作用的。

复 | 习 | 笔 | 记

☑ 记忆术中包括哪些方法?

_____

☑ 在使用记忆术时，构建什么样的图像更容易加深记忆?

_____

☑ 如果你还没有记住自己的信用卡号，尝试使用记忆术
  来记住它。

_____

☑ 交叉学习是一种怎样的学习方法?

_____

☑ 请将你还记得的书中内容都写在纸上。

_____

_____

_____

_____

第 4 章
调整身心和环境，
进入最佳学习状态

1

学习的动机

　　相信此时此刻正在阅读本书的你，一定是充满求知欲的。毕竟，要是不想学习，谁会去看一本讲学习方法的书呢？因此，如果你在学习动机方面没有什么疑虑，可以直接跳到"学习的窍门"。

　　在本节中，我们将探讨有关学习动机的问题。动机是学习的基础，没有学习动机，即使掌握了那些有效的学习方法（如主动回忆和分散学习），也是毫无意义的。不过，动机是一个很庞大的主题，在这里无法全面深入地讨论，因此我会简要介绍几个关键词，与你一同探索实践之道。

◎ 人们更容易记住与自己相关的信息

首先，让我们从一个显而易见的特性说起——人们更容易记住与自己相关的信息。具体而言，人们可以更有效地处理和记忆与自己相关的信息，这一现象被称为"自我参照效应"。反过来，如果觉得信息与自己无关、没什么意义，人们就会提不起兴趣，也很难记住这些信息。这些相信大家都能理解。

然而，虽然这个道理显而易见又特别重要，在义务教育中却经常被忽视。在学校里学习某些科目的内容时，一些学生会提不起劲来，主要原因就在于他们不清楚这些知识与自己有什么关系、对自己有什么用。我自己就有过这样的感受，虽然现在能明白初高中学习的重要性，但在上高中时，我常常疑惑"为什么要学这些东西呢"。后来，我之所以报考医学院，在某种程度上也是因为医学知识能直观地帮助他人，而无须纠结它存在的意义。

学医之后，我时常能够感受到"这些知识将来可能会对我的患者有所帮助"。我在为美国医生执照考试而埋头苦读时，也正是因为深知自己的目的——"多记一点，我就能去美国学习内科和感染病医学了""我想在美国的多元化医疗环境中工作",才能保持强烈的学习动机。只要能明确自己为了什么而学,就会产生巨大的学习动力。

如果你在学习时感到倦怠,不妨先停下来,想一想这些知识或信息与自己的生活有什么关系、为什么要学习它们,然后将你想到的内容记录下来。这绝不是毫无意义的行为。

🔍 相关研究

下面,我将介绍《科学》杂志上发表的一篇关于自我参照效应的研究[80]。该研究将 262 名高中生分为两组:

- 干预组:定期写作文,阐述科学(化学和物理)课的内容与自己有哪些关联
- 对照组:只写课程内容的总结

尽管这种干预方法非常简单,仅仅是写下学习内容与自己有什么关联(自我参照),但结果显示,在那些一直认为自己学不好该科目(成功预期低)的学生中,干预组的学生对该科目的兴趣更大,成绩也有了显著提高,如图 4-1 所示。

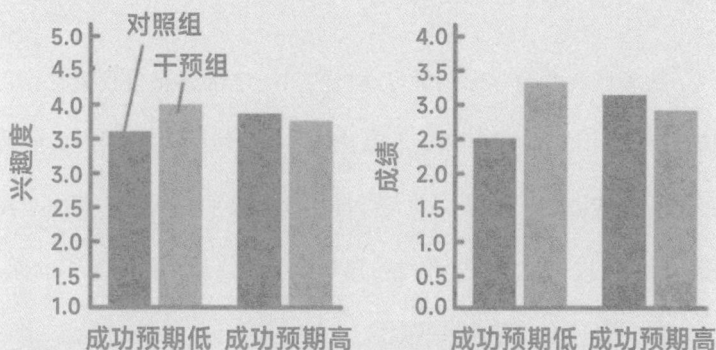

图 4-1 自我参照效应

同样的现象也在针对大学生的研究中得到了证实[81]。让学生们思考学习内容与自身的关联，使他们认识到学习的价值，这一过程被称为"效用价值干预"。如果你认为自己不擅长某科目或缺乏学习动力，那么一定要认识到"效用价值干预"的重要意义。

如今，全球最具影响力的企业家之一——埃隆·马斯克，是一个非常有趣的人物。哪怕你不欣赏他，也无法否认这一点。在一次采访中，当被问及学习过程中最重要的是什么时，他便提到了自我参照效应，这令我印象深刻。

"要记住某件事，就必须赋予它意义。你要能说出为什么它与自己有关系。如果你能说出来，你多半就会记住它。"

◎ 别标签化自己

除了自我参照，影响学习动机的另一个因素是自我概念。它指的是一个人对自我的理解与认识。在学习中，它主要对应的就是学业自我概念。它是一个人对自己学业水平的认知，例如"我擅长数学"或者"我是文科（或理科）生"等。正在阅读本书的你，一定也拥有自己的学业自我概念。

有研究表明，相比于智商，学生在高中时期的学业自我概念更能影响其毕业后的学术成就和职业倾向（指的是认为自己将从事怎样的工作来维持生计），对其人生选择也有着深远的影响[82]。

学业自我概念的形成受到多种因素的影响，包括过去的学习成绩（如在数学考试中取得好成绩），教师、父母和朋友的反馈（如被称赞"你数学很好"），与其他同学比较，与其他科目成绩比较（如"数学比语文好"）等。

例如，一个学生一直以来的数学成绩很好，他就会形成"我擅长数学"的积极学业自我概念。这会进一步提升他对数学的学习动机，最终让他取得更好的成绩。由此可见，学业自我概念与成绩之间存在相互影响的关系[83]。

有报告指出，给出一些干预措施，可以优化自我概念，比如赞扬学习者的努力，对其取得的进步和成就予以积极反馈等[84]。在后面关于自我效能感的部分，我们将详细解读自我干预的方法。

在日本的教育体系中，文理是分科的，这导致许多人形成了"我是文科生（或理科生）"的学业自我概念。他们会因此限制自己，只专注于特定领域的学习，结果反倒阻碍了潜力的发挥，多么可惜。

我在上高中时也比较擅长数学，因此形成了"自己是理科生"的学业自我概念。然而，上大学之后，我意识到所有学科都是融会贯通的，过分拘泥于学业自我概念并不明智，应该多多涉猎不同领域的知识。

◎ 告诉自己：我能做到

在学习动机分析领域中，加拿大心理学家班杜拉提出了一个非常重要的概念——自我效能感[85]。

自我效能感指的是，人们对自己运用能力达成目标的自信程度，也就是"我能做到"的感觉。自我效能感高的人学习动机强，能设定更高的目标，制订有效的学习计划，也能很好地把控学习过程[86]。此外，高自我效能感还与学习毅力和优秀的学习成果密切相关[87]。

当一个人对某个学习领域的自我效能感提高时，他对该领域的兴趣就会加深；兴趣的加深，反过来又会提高自我效能感，二者之间是相互作用的[88]。由此可见，自我效能感对学习的方方面面都有重大影响。正如福特汽车公司创始人亨利·福特所说："无论你认为自己能还是不能，你都是对的。"这句话很好地展现了自我效能感的力量。要想达成高目标，关键就在于"相信自己能够做到"。

那么，如何提升自我效能感呢？我们先来看看自我效能感的主要影响因素：

①**成功体验**：又称精通经验，通过亲手完成任务并积累成功体验，提高自我效能感。这种成功体验对自我效能感的影响最大[89]。

②**替代体验**：通过观察他人如何成功完成某项任务，提高自我效能感。例如，看到与自己背景相似（如年龄相仿）的人通过了考试，你会觉得"我没准也能过"。

③**言语和社会说服**：上司、老师、朋友或家长的鼓励和支持，也可以提高自我效能感，比如"你一定能做到""项目难是

难，但交给你我放心"。

④**生理和情感状态**：焦虑和紧张等情绪，以及心跳加速等生理反应，都会影响自我效能感。例如，在重要的汇报开始前，你会有强烈的焦虑和紧张感，这会导致自我效能感下降。

在学习中，提高自我效能感的一个具体方法是**设定可实现的小目标，逐步积累成功经验**。

相关研究

班杜拉和尚克开展了一项著名的研究，考察了目标设定对自我效能感的影响[90]。在这项研究中，班杜拉和尚克选择了 40 名不会做减法的小学生（平均年龄为 8 岁），为他们开展了 7 次学习指导，每次 30 分钟。在此过程中，学生们被要求做完一本 42 页的减法练习册。研究按照不同的目标设定，将学生们分为以下四组，以考察目标设定对自我效能感、最终测试成绩，以及在第 4 次指导后完成页数的影响：

①中心目标组：建议在每次指导中至少做完 6 页练习题

②边缘目标组：建议在第 7 次指导结束时，做完全部的42 页练习题

③无目标组：未设定具体目标，但要求学生们在每次指
导中尽可能多地完成练习题

④控制组：未给出任何指示

自我效能感的评估方式如下：快速展示25道难度不同的减
法题，让学生们判断自己能解出多少，对此进行量化统计。在
实验开始时、第4次指导后及最终测试后，都进行了该项评估。

结果显示，设定小目标（中心目标组）的学生自我效能
感显著提高，最终测试成绩也更好。此外，到第4次指导结
束时，中心目标组的学生做完了练习册中约74%的题目，而
边缘目标组和无目标组分别只完成了约55%和53%。也就是
说，学习进度最快的是中心目标组的学生（见图4-2）。

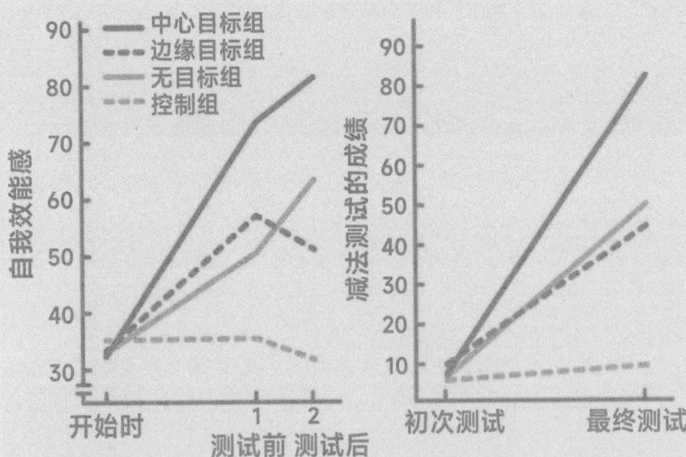

图4-2　不同目标设定下的自我效能感与成绩变化

◎ 记录自己的学习进度

要提高自我效能感，除了设定小目标，还可以使用"自我监控"的方法，即记录自己的学习进度 [91]。有报告指出，记录自己所学科目的内容、时长、页数和问题数，可以改善学习表现 [92][93]。

当你在学习中感到动力不足时，可以将大目标拆解为短期内可实现的小目标，并记录自己的达成进度。通过逐个实现小目标，你将提升自我效能感，也会产生更大的学习兴趣，最终收获丰硕的成果。

拆解大目标并逐个完成的方法，不仅适用于学习，也是实现大目标的基本策略。你有没有一直想做，却始终没有付诸行动的事情？如果你是觉得"自己大概做不到"，才迟迟不肯行动，那么可以将目标拆解为短期内就能完成的步骤。先执行一步，完成后再进行下一步。通过这种循序渐进的方式，你的自我效能感会逐步提升，支持你朝着最终目标不断迈进。

在同时备考日本和美国的医生执照考试时，我就使用了这种方法管理我的学习进度。图 4-3 这张照片就是我笔记本上的一页，可以辨认出"魔鬼计划"（鬼スケジュール）的潦草字迹。

1 月 19 日—21 日，是日本医生执照考试（2 月 17 日—19 日）

的前一个月左右。这段时间，我每天会学习 12～13 小时。每天一醒来，我就会写下当天的小目标，完成后划掉。我记录了自己刷过的题库（例如，图 4-3 中的"肾 QB99 回"指第 99 回医生执照考试的肾脏内科题库）和做题数量（UW30 指美国医生执照考

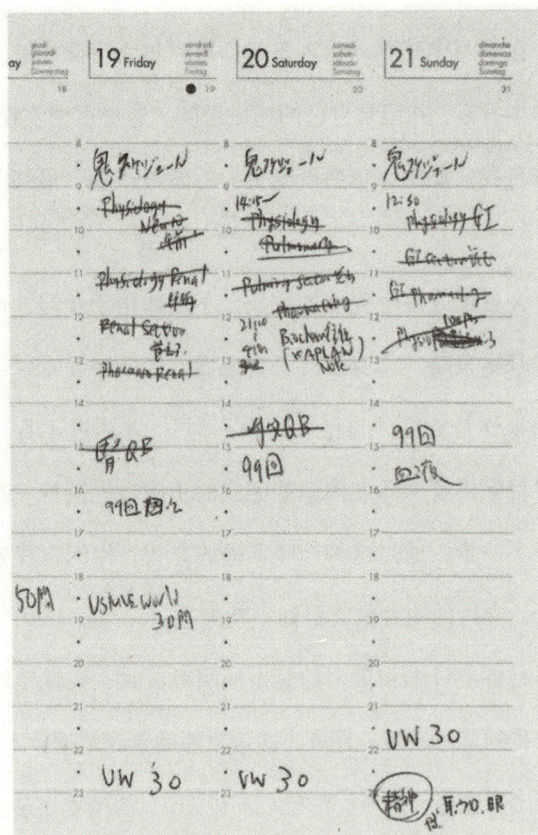

图 4-3　我同时备考日本和美国的医生执照考试

试在线题库中的 30 道)。

对于美国医生执照考试，我设定的大目标是尽可能高分通过，我将其拆解为小目标，逐一记录完成进度。这些行动让我提升了自我效能感。在替代体验方面，当时关于美国临床留学的信息并不多，不过我通过阅读已赴美留学的日本医生或外国医生的博客，也提高了一定的自我效能感。

此外，如前所述，生理和情感的状态对自我效能感也具有一定影响。睡眠不足或疲劳时，做事提不起劲头，自我效能感明显偏低，相信对这种情况你我都不陌生。要提升自我效能感，保持良好的身体和精神状态至关重要，我们应该进行适度运动和保证充足的睡眠 [94][95]。关于睡眠和运动在学习中的重要性，我们将在后面详细探讨。

◎ 自我决定论

当我们分析人的动机时，"自我决定论"也是一个颇具参考价值的理论框架 [96]。这个术语看上去有点复杂，或许你都想直接跳过这部分了，但我会尽量简要地解释。通过了解这个理论，我们能更好地理解自我与他人的动机，无论是在学习中还是在工作中（这里我尝试结合了自我参照效应）。这种学术理论为理解我们复杂的社会提供了新的视角，这也不失为学习的一大乐趣。

说到动机，心理学通常将其分为两大类：内在动机和外在动机。

内在动机是指，一个人之所以采取某种行动，是因为他对行动本身感兴趣或能从中找到乐趣。也就是说，行动本身就是目的，是"因为喜欢而做"或"因为有趣而做"的。内在动机的表现有很多，比如玩耍，阅读自己感兴趣的书，或只是出于好奇而学习某些知识等。

外在动机是指，因外部奖惩而产生的动机，其行动的目的不在于行动本身。例如，为了不被父母责骂而写作业，为了获得薪酬而工作，为了考取资格证书而学习等，这些都是由外在动机驱动的行为。

这里需要强调一点：同样是由外在动机驱动的行为，也是各有差异的。例如，因为不想被父母责骂而学习，与因为想当上律师，帮助更多的人而自发学习，这两者之间就有很大的差别。

根据自我决定理论，外在动机可以根据自主性和自我决定程度分为多个阶段。这也就意味着，"内在动机就是好，外在动机就是不好"的说法过于绝对，高自主性的外在动机其实与内在动机相近。

自我决定理论认为，人有以下三种心理需求，当这些需求得到满足时，内在动机就会增强。

- 自主性：自己选择和决定自己的行为，不受他人强迫或施压。自主性是自我决定理论的核心。
- 胜任感：感觉自己能够做到某件事，有能力完成特定的任务或挑战。
- 关系性：感觉与他人建立了联系，拥有归属感。

自我决定理论可以被应用于工作、教育、健康管理、体育等多个领域[96—98]。研究表明，在教育领域，当教师支持学生的自主性和自发性，或给予学生选择权时，学生的内在动机会增强[99—101]。

那么，为什么这三种需求会与动机相关？为了方便读者理解，我想通过分析"为何人们会沉迷于游戏"来进行解释（见图4-4）。我也一度沉迷于《最终幻想》《勇者斗恶龙》等角色扮演类游戏，还很喜欢《塞尔达传说》，并为它们投入了大把的时间与精力。近年来，多人在线类游戏接连推出，全球的游戏玩家数量也与日俱增。

图 4-4 用自我决定理论解释打游戏的动机

首先，在大多数情况下，打游戏是一种自发的行为——是自己想玩，而不是被人逼迫的。游戏提供了各种各样的选项，让玩家可以决定自己的行动，从而满足了自主性的需求。其次，打败敌人的成就感与升级带来的成长感，能够满足对胜任感的需求。最后，游戏还让玩家产生了与队友（在线游戏中更是现实中的玩家）相互关联的感觉。

虽然游戏常常因其负面影响而受到关注，但也有一些论文基于自我决定理论，考察了人们打游戏的动机[102]。

当分析自己或他人的动机时，可以从以下几个方面着手："这是我自己决定的吗？""是否能产生胜任感？""与他人或社会具有怎样的联系？"通过思考这些问题，你就可以理解动机强弱的原因了。

◎"内在目标"更有用

自我决定理论将目标设定分为两种："**外在目标**"和"**内在目标**"。外在目标指的是，追求金钱、社会地位、声誉等物质奖励或他人认可。与之相对，内在目标并非追求外部奖励或认可，而是基于个人价值观和兴趣设定的，比如通过深入学习、掌握新技能来实现自我提升，为地区乃至整个社会做出贡献，保持身体健康，建立深厚的人际关系等。

有研究报告指出，要想提高学习动机和学习效果，设定内在目标比追求外在目标更有效 [103][104]。此外，内在目标可以满足对自主性、胜任感和关系性的需求，并与个人幸福（保持良好的身心状态与社会关系）密切相关 [96]。

复 | 习 | 笔 | 记

☑ 什么是自我参照效应？

_____

☑ 什么是学业自我概念？

_____

☑ 什么是自我效能感？

_____

☑ 本书介绍了哪些有助于提升自我效能感的方法？

_____

☑ 在自我决定理论中，人的三个心理需求是什么？

_____

☑ 根据三个心理需求，分析自己为什么做某件事情的动
机强（或缺乏动机）。

_____

☑ 什么是内在目标？它与外在目标有什么区别？

_____

☑ 什么是间隔效应？

_____

调整身心和环境

2
学习的窍门

▼

　　到目前为止，我们通过引入论文，解读了不少科学高效的学习方法，并阐述了动机理论。在这一部分中，我将介绍一些前文未涉及的内容，包括我个人的经验、看重的事情，以及可能对学习有帮助的窍门。其中有些内容并未经过严谨的科学验证，但或许具有一定的参考价值。

◎ 改变学习地点

当我还在日本时，有段时间我从早学到晚，每隔几小时就会换一个学习地点。例如，早上起床后在自己家里先学几小时，然后走去图书馆，在那里接着学。之后，我会去家附近的"美仕唐纳滋"或"塔利咖啡"学习，最后回到家中继续学（在此感谢那些支持我学习的咖啡馆）。

当时，我之所以换地方学习，是因为在同一个地方待久了会感到厌倦，而且在咖啡馆待太久会觉得不好意思。后来我觉得，改变学习地点其实是有一定意义的。

首先，当注意力开始涣散时，走路可以让我转换心情，重新集中注意力，由此形成了一种良性循环。其次，走路本身也是一种运动（我会在"运动的重要性"部分详细阐述）。最后，在不同的环境背景中能够获取不同信息。

记忆形成时所处的环境或状态，会对后续的回忆产生影响，这被称为记忆的情境效应。例如，你在一个地方记住了某些信息，之后在同一个地方会更容易回忆起这些信息 [105]。如果你在学校教室里记住了某些内容，并要参加相关考试，那么比起其他地方，你在这个教室里考试更容易回忆起这些信息。这是因为人在记忆某些内容时，会无意识地将环境信息一并记住，这些环境信息就成了回忆时的线索。

不过这样一来，岂不是要在考试的地方学习，才能利用这一效应了？可大多数情况下，这是不可能的。有趣的是，有研究报告指出，当回忆地点与记忆地点不同时，在多个不同地点获取信息反而更有助于记忆[105][106]。

Q 相关研究

在对密歇根大学的学生进行的一项研究中，研究人员将学生们分成两组，让他们记住 40 个英语名词[106]。

- A 组：在同一个房间里记忆两次
- B 组：在两个氛围不同的房间里记忆

3 小时后，研究人员在另一个不同的房间里对学生们进行了一次突击测试，结果显示，A 组只能回忆起平均 15.9 个名词，而 B 组能回忆起平均 24.4 个名词。

了解记忆可能依赖于情境（记忆时的环境或情绪），或许会对你有所帮助。假设这种情境效应真实存在，那么将学习环境模拟为实际考试场景，或在学习时想象自己身处真正的考试地点，也许就能收获额外的效果。不过，要是有他人在场，你就无法集中注意力，那么倒也不必强迫自己改变学习地点。

◎ 利用零碎时间学习

许多人都希望自己能坐在书桌前，利用整块时间聚精会神地学习。

其实，通勤、上学路上的时间、休息时间、上厕所的时间、等人的时间，以及做家务或育儿的间隙，都是进行主动回忆和分散学习的好机会。如果每天有 1 小时的零碎时间，那么仅算工作日，一年就有超过 240 小时。正如在介绍分散学习的章节中所提到的，同样的内容，比起集中学习 1 小时，分两次、各 30 分钟学习的效果更好。

是将这些零碎时间用于学习，还是用于浏览社交媒体，显然会造就巨大的差距。我在日本的时候，为了随时利用零碎时间学习或阅读，总是随身携带好几本书和教材（多带几本就可以根据心情选择性阅读）。记得有一次，我出门时带的学习资料不多，就在电车上认真阅读手头的德语词典，结果被一位前辈看到了，他还对我露出苦笑。这件事至今令我记忆犹新。

◎ 在电车上也能学习

在电车上学习早已成为我的习惯，对我来说，一个人坐电车就像是学习开始的信号。

我以前上学时，会乘坐东急东横线。在通勤高峰期时，车厢里挤得满满当当、热气蒸腾，有时我甚至被挤得脚不沾地了。可即便是这种打不开书的情况，我也会进行有效学习，比如在脑海中回忆昨天记的内容（主动回忆）。如果有没想起来的部分，我就在下车后去确认和反馈。

备考美国医生执照考试时，我会在卫生间里放一些速读资料，比如药理学的抽认卡等。哪怕是现在，我也会尽量利用零碎时间（例如，等孩子的兴趣班下课）来学习或工作。在本书的创作过程中，查资料和写作也多是在这些零碎时间里完成的。

中国古籍《淮南子》有云："谓学不暇者，虽暇亦不能学矣。"这句话的意思是，说自己没有时间学习的人，即使有时间也不会去学习。我们应当以此为戒，反思自己是否以"没有时间"为借口而逃避学习。

很多人因忙于工作、家务或育儿，觉得自己"没有时间学习"。若你真的希望通过学习来改变自己或生活，就要去了解一天中有哪些零碎时间，并思考如何利用这些时间来学习。

> **问题：**什么是内在目标？

◎ 不努力学习或将留下遗憾

人们对什么感到后悔？有研究者在美国开展了这样一项调查，并根据调查分析的结果，发表了一篇题为《我们最容易后悔的事情……及其原因》（*What We Regret Most...and Why*）的论文 [107]。

如图 4-5 所示，这项研究表明，对教育和学习抱有遗憾的人最多（占 32%），排在第二位的是职业，第三位是恋爱，第四位是育儿。

1位 教育和学习（32%）

2位 职业（22%）

3位 恋爱（15%）

4位 育儿（10%）

图 4-5　人们抱有遗憾的事情

许多人在教育和学习方面感到后悔，觉得自己"本该上进一些""本该选别的专业""本该上大学"等。为什么会这样呢？这篇论文的作者、心理学家尼尔·罗斯等人，主要从"机会"的角度进行了考察。他们认为，人们对于没有机会做的事情不会感到太后悔，而对于有机会做却没有做的事情会更后悔。

在当今社会，学习的机会是非常多的：针对社会人士的再教育，各种领域的在线教育（例如哈佛大学、斯坦福大学、麻省理工学院等名校的一些课程也可以免费学习）、语言教育、在亚马逊网站上或书店里可以买到的书、油管视频等在线内容。在这个时代，只要有心学习，就可以学到很多知识。我之前想在油管上上传视频，便通过别人的视频学习了如何加工视频。仅用一天，我就掌握了非常简单的加工技巧（剪辑和加字幕）。

此外，罗斯等人还指出，许多人认识到了学习和接受教育可能会让自己拥有不一样的人生，比如获得更有意义的工作或更高的收入。过晚地认识到这一点，也是令人们感到后悔的原因之一。虽然很多人一想到"当初要是好好学，现在就是另一个样了"便悔不当初，但他们也总能想到各种不付诸行动的理由："等以后安定下来""现在太忙了""我再想想"……如果你真的想学点什么，我建议你现在就果断地开始，别给自己留下遗憾。

◎ 好奇心被激发时，只管勇往直前

爱因斯坦说过这样一句话："我没有特殊的才能，只是有着强烈的好奇心。"

此外，1965年诺贝尔物理学奖得主理查德·费曼也说过："我认为，由瑞典皇家科学院的某个人判断一项工作是否崇高到可以获奖，是没有任何意义的。我已经得到了奖项，这个奖项就是探究事物的乐趣。"

如果人类的大脑不具备"好奇"这种机制，人类就无法建立起如今这样技术和文明高度发达的社会。认知好奇心（英文为epistemic curiosity，这里的epistemic指与知识和认知相关），是人们想要获取新知识的本能欲望。

脑科学研究表明，当我们接触到新信息并产生好奇心时，大脑的奖励系统会被激活并释放多巴胺。这种多巴胺的释放，不仅能激发我们对新知识的探索欲，还能提高我们的专注力，并有助于新信息的吸收（记忆和编码），及其向长期记忆的转化（巩固）[108]。

也就是说，怀有好奇心对学习是非常有利的。打个比方，这就像在游戏《超级马里奥》中获得星星后，进入了无敌状态。当好奇心被激发时，我们的注意力会高度集中，学习劲头会更足；此时记东西也更加轻松，还能记得扎实牢靠。孩子们的好奇心通常很旺盛，我认为，这是因为他们的大脑想要尽快了解这个世界和人类社会[109]。

据说，给爱因斯坦带来巨大认知刺激的是一名21岁的贫困医学生，名叫马克斯·塔尔穆德（后来改名为塔尔梅），他每周都会来爱因斯坦家吃饭[110]。这名医学生会给当时10岁的爱因斯坦带数学和物理书，起初还会教他一些知识。

在塔尔穆德带来的书中，自然科学类的书对爱因斯坦的影响尤为深远，爱因斯坦本人也说过："它给我整个人的成长带来了巨大的影响。"无关义务教育，塔尔穆德将科学知识教授给爱因斯坦，仅仅是为了满足他的好奇心。可以想见，假如当年没有遇到塔尔穆德，或许就没有后来的爱因斯坦。

如果你在接触新信息时产生了好奇心，那么只要时间允许，你就应该满足这种大脑欲望，哪怕它有些天马行空也无妨。我在学习过程中，一旦产生了好奇心，就会尽量满足它。这样做并不是为了刻意记住什么，只是因为学习过程本身就让我很享受。

◎ 好奇心驱动下的学习成果

下面，我想分享一段自己的经历：我是如何在好奇心的驱动下进行深入学习的。

在美国生活时，周围的同事和朋友对我的出生国很感兴趣，经常向我询问关于日本的事情。正因如此，自打住在美国后，我就特别想深入了解日本。几年前，我决定重新学习日本史，并开始阅读相关的参考书。当我读到奈良时代的章节时，了解到日本现存最古老的文献是《古事记》。这时，我意识到自己从未读过《古事记》的原文。作为一个居住在海外的日本人，怎么能不读这样重要的资料呢？于是，我特意从日本订购了岩波文库版的《古事记》和现代日语译本。

作为一个医生，在阅读过程中，我发现《古事记》中的日本神话包含许多非常有趣的描述，这激发了我的好奇心。例如，其中有一段讲的是，日本创世神伊邪那美在生下火神后，"女阴"（女性的生殖器）被烧伤，她出现了呕吐和腹泻等症状，最终去世。从医学角度看，这种"烧伤"可能意味着生殖器发炎，随后出现的呕吐和腹泻等消化道症状，可能指的是产褥感染[111]。特别是由 A 群乙型溶血性链球菌引起的严重产褥感染，常常会导致消化道症状[112]。

此外，《古事记》中还写到，在黄泉国中，伊邪那岐因为等不及而去看伊邪那美，结果看到她的尸体已经长满蛆虫。这样的描述让我十分好奇：为什么会有这种描写？伊邪那岐觉得"等不及"的时间究竟有多长？

古时候，人们没有确立死亡的判定标准，尸体的腐败和虫子的滋生就成了判断死亡的有力证据。在《源氏物语》中，葵之上去世后，为了确认她是否真的死去，人们等待了两三天，观察到她的身体逐渐产生变化后，才接受了她死亡的事实。据文献记载，日本大概是在镰仓时代后期才开始用脉诊来判定死亡的[113]。

在人类最古老的文学作品之一 ——《吉尔伽美什史诗》中，描写了恩奇都去世时，"（吉尔伽美什）触摸他的心脏，但它已不再跳动"。从这段描述中，足以窥见美索不达米亚医学的先进程度。

另外，即使到了今天，对于在户外死亡的人，利用虫子来推测其死亡时间的方法仍被广泛应用。根据法医昆虫学的研究，蛆虫通常是在人死后两天到七天涌现的，具体时间取决于温度和所处地点。这也让我们隐隐约约地体会到了古代日本人对时间的感知——他们认为等待几天是难以忍受的。

上述内容只是其中一部分例子，要是继续写下去，这本书就不再是一本讲学习的书，而是日本神话考证书了，所以我决定就此打住。总之，在阅读过程中，我对日本神话的好奇心被不断激发，于是决定从医学的角度考察日本神话，并尝试加入新的诠释。

尽管日本神话在历史学、语言学、文学、比较神话学等多个领域内都得到了深入的研究，但从医学角度对其进行综合分析的论文少之又少。我希望自己的研究能够填补这块空白。为此，我阅读了《古事记》、日本神话研究者所写的大众读物、《古事记》研究者所撰著的专业书以及学术论文等，利用大量休息时间，写了一篇题为《古事记的神话——基于医学视角》的论文[114]。这篇论文对我的临床医生职业生涯毫无帮助，甚至可能是日本阅读人数最少的论文。

你可能想问，我花了这么多时间，究竟做了些什么？我倒是可以举出一些像模像样的理由，比如掌握了《古事记》中的知识，就可以向海外的人们深入介绍日本。不过，我最重要的收获，还是好奇心引发的多巴胺释放，以及探索和思考的喜悦。

当我们的好奇心被激发时，我们的注意力会高度集中，我们学习劲头十足，记东西更加轻松且不易遗忘，我们应该沉浸在这种状态中。这样不仅能提高学习效果，还会让我们觉得学习本身就是一件乐事，激发进一步学习的欲望。

家庭、教育机构乃至整个社会，都应该打造一种能够让人追求认知好奇心的环境。这不仅是为了"考试"或"工作"，更是为了让人们能够因"纯粹的好奇心"而深入学习。如果能有更多的人这样做，更加多元化且深刻的知识就会被积累下来。

◎ 教辅应从易到难

当我开始自学一个新领域的知识时，我通常会从难度适中的教辅书看起，主要出于以下两个考虑。

一个是，在学习或完成任务时，"最适挑战"能有效激发人的兴趣和动机[115]。如果内容理解难度过高，人们会觉得"我搞不懂"，从而丧失自我效能感和成就感，产生挫败感。选择相对简单的教辅书，则有助于实现一个个小目标，进而提升后续学习的动机。

另一个是，通过阅读相对简单的教辅书，我可以尽快掌握该领域的整体框架，建立起知识基础。一本通俗易懂的入门书，非常适合用来了解整体范围、主题分项和精华（最重要的内容），为后续的深入学习打下基础。

日本的书店中，从入门书到专业书，各类书籍应有尽有，俨然一个知识的宝库。市面上有许多简单易懂且优质的教材和参考书，涵盖了从小学到高中的全部科目。如果你想把知识捡起来，可以先选择知识类漫画书或面向小学、初中生的参考书。

先从入门书开始，再逐步提升到阅读难度高的书（如专家编写的二手资料），以及论文等一手资料。就资格考试而言，看看那些通过的人都推荐使用什么样的参考书和题库，把这些当作你学习的核心资料，可以提高考试通过率。

在学习自己感兴趣的领域的知识时，需要注意一点：个人著作可能存在信息和观点偏颇的问题。例如，有些所谓的"健康书籍"，销量很好，在亚马逊网站上的书评也不错，但站在医生的角度看，其中包含了许多不准确和失之偏颇的信息。在没有专业知识背景的情况下，阅读个人著作时，往往很难判断其中信息是否准确。因此，建议大家广泛阅读其他专家编写的书，同时参考一手资料，比如公共机构发布的信息或学术论文等。

◎ 英语在信息获取方面的重要性

除了一些特定学习领域，比如学校的期末考试或日本的资格考试，要在多数领域获取最新、准确且专业性强的信息，英语能力是必不可少的。特别是在自然科学和科学技术领域，超过九成的论文是用英语写的，检索和解读这些一手信息需要具备较高的英语阅读水平。最近，许多音视频中也包含了不少重要信息，通过网络渠道也相对容易获取信息，如果具备较高的听力水平，就可以大大拓展信息源的范围。

对商务人士来说，能否理解一些国际化英语信息，比如世界局势、他国企业消息等，也会造成巨大的差异。

即使是在学习自然科学领域以外的知识，英语也是非常重要的。

以我个人为例，作为住在美国的日本人，过去有一段时间，我专门研究了第二次世界大战后的日美关系。要想了解日本的战后情况，最好获取英文的一手资料，相比于日本，美国的国家档案馆在管理和公开公文方面做得更加完善。

很多一手资料难以通过网络和论文获取，它们对日本来说又非常重要，于是我给美国的研究人员发送电子邮件，在他们的帮助下，我得到了这些资料。在查阅宪法时，我不仅参考了日文书籍，还阅读了驻日盟军总司令部（GHQ）编写的《日本政治再编》（*Political Reorientation of Japan*）等英文资料。这些资料对我深化理解日本的战后情况起到了重要作用。

虽然现在有 DeepL、浏览器扩展插件和 ChatGPT 等方便的翻译工具，但它们在翻译精度上仍有局限，且用起来有点麻烦。要搜索、取舍并解读一手信息，最终还是自己直接阅读最理想。

本书不会详细讨论英语的学习方法，只在此进行简要说明：例如，使用单词书，以本书所介绍的学习方法高效记忆单词，并尽量多读符合自己水平的英文书或文章，应该是一条提升英语能力的捷径。

◎ 费曼技巧

费曼技巧是加深对学习内容理解的一种方法。虽然它不像主动回忆和分散学习那样得到了严谨的科学验证，但在美国是广为人知的学习方法，因此我会在这里介绍一下。

如前所述，理查德·费曼是获得诺贝尔物理学奖的著名人物，他还是一位出色的教师，以能将复杂难懂的事物解释得生动有趣而闻名。比尔·盖茨称费曼为"我未曾直接受教的、最棒的老师"。

费曼技巧在网上有很多版本流传，但据我所知，这些并不是费曼本人详细介绍的学习方法，而是斯科特·扬在阅读费曼的文章后，于 2011 年左右创造的 [116]。

费曼在其传记中提到，他在笔记上写下了"记录我不知道事情的笔记"，并花数周时间分析物理学的各个分支领域，试图找到核心关键问题[117]。

费曼技巧的方法如下：

①在纸的最上方，写下你想理解的概念或问题（如数学或物理问题）；

②在下面的空白处，尝试像教人一样解释这个概念或问题；

③如果发现自己不能清楚地写出答案，就回到原始教材去查找答案[116]。

费曼技巧在主动回忆、学徒效应和反馈方面，与我自用的"一边嘴上念叨假装教人，一边写下来的白纸学习法"有着相似之处。

◎ 手机放一边，戒除坏习惯

你是否有过这样的经历：本该学习的时候，却不由自主地拿起了手机，刷了会儿社交媒体，时间眨眼就过去了。手机虽然是非常便利的工具，但它不仅会占用大量时间，还会极大地影响学习效果。

Q 相关研究

在一项研究中，大学生们被分成两组，分别进行 6 分钟的学习，然后参加相关内容的测试[118]。

一组在学习时与他人通过手机发消息，另一组在学习时将手机放在视线之外。

结果显示，一边发消息一边学习的学生，在测试中的得分低了 27%。

手机本身就会抢夺注意力

更令人担忧的是，有研究表明，即使不用手机，只要它在桌子上、口袋里或包里，就会影响大脑的工作效率。

Q 相关研究

在一项针对 520 名大学生的研究中，参与者被分为三组：一组将手机放在桌子上，一组放在口袋或包里，还有一组将手机放在另一个房间里。研究测试了他们的工作记忆（短期内保留和处理信息的能力）和流动智力（理解和解决新问题的能力）[119]。

结果显示，那些将手机放在另一个房间里的学生明显取得了更好的成绩。这就意味着，即使不用手机，只要它在身边，就会影响认知功能。

因此，当需要集中精力学习时，我们最好将手机放在另一个房间里。我在需要集中精力时，也会关闭手机通知，并将手机放在看不见的地方。以前，因为可能会有医院的重要联络或孩子学校的紧急联系，我会将手机放在能听到铃声的范围内。现在我戴上了苹果手表，有来电时可以在手表上接到通知。

"学习时不看手机"并不容易，很多人已经在不知不觉中养成了刷社交媒体的习惯，也很难戒掉。毕竟社交媒体平台就是这么设计的，它们深知人的心理特点，会想方设法地让你在平台上多停留一会儿。即使你在心里大喊"该学习了！绝不碰手机"，可能也会在几分钟后发现，自己又在玩手机了。人那可悲的意志力，有时是无法战胜习惯的。

习惯是在特定的诱因下，自动做出某些反应或行为（习惯性反应）的状态[120]。这也是为什么我们养成了刷社交媒体的习惯，自己却往往意识不到。刷社交媒体时，这种诱因和反应往往是交织在一起的[121]。

例如，在开始学习前，你可能会觉得"有点麻烦"或"有点无聊"，这就成了一个诱因，于是你拿起手机（反应），看到了屏幕上常用的应用图标（诱因）→你打开了那个应用（反应）。这时，你收到了通知（诱因）→点击了通知（反应）。点开通知后，你发现有人给你发布的内容点了"赞",你也得到了奖励。随着"诱因→反应→奖励"的循环,习惯也就逐渐被强化了(见图4-6)。

你知道自己在什么场景下,会不由自主地拿起手机吗?如果没有什么头绪,就一定要多留意自己的"提示"和"反应"是什么。

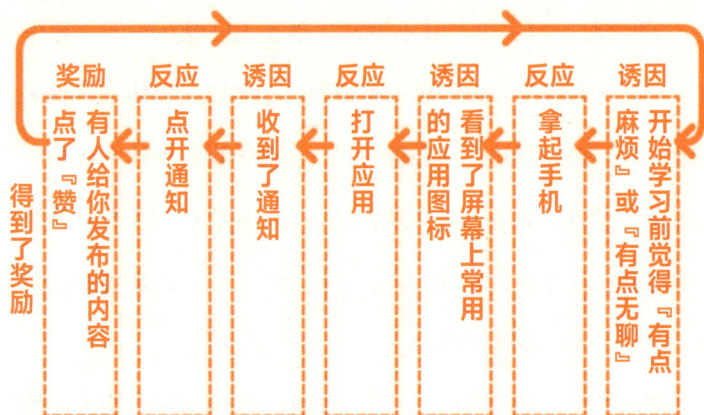

图4-6 "诱因→反应→奖励"循环

◎ 消除坏习惯的诱因

有一个根除坏习惯的方法,就是"消除诱因"。也就是说,关闭通知、把应用移出手机主页面(或干脆卸载应用)、把手机放在别的房间里等。此外,你还可以把手机界面调得不好看也不好用。例如，可以将显示设置为"灰度"（黑白模式）。在失去色彩鲜艳的画面后，玩手机会让人觉得单调乏味；看到黑白分明的颜色变化，人们也更容易意识到自己在玩手机。

另外，还有一种被称为"橡皮筋技巧"的方法，即在手机中央缠一根橡皮筋。这样，不仅会干扰画面浏览，还会使滚动等操作变得困难。同时，这根橡皮筋也会成为一个标记，时刻提醒你"现在真的有必要用手机吗"。

如果你总是不知不觉地玩起手机，把时间都白白浪费了，那么你应该反思一下自己坏习惯的"诱因"是什么，以及如何消除它们。

◎ 与手机保持距离，留下"放空时间"

关于玩手机的问题，这里还需要注意一点。有论文指出，学习之后的"放空时间"对保持长期记忆（巩固）可能发挥一定作用[122]。

在大脑不执行任务、没有集中注意力时，大脑中仍有自发性活动的区域网络，它被称为"默认模式网络"。据说这个网络参与了各种重要活动，包括情感和记忆处理、自我信息处理等，不过其中还有许多尚待解明之处 [123][124]。

在医院忙过一阵或经历了患者去世等令人精神压力倍增的事情后，我常常会陷入放空自我的状态。每逢这种时候，我总感觉自己的大脑在进行某些重要的处理，不过具体怎样我也说不清楚。

手机的确可以快速刺激大脑，不过我们最好与它保持一定距离，来给自己留下"放空时间"。

◎ 推荐一款学习工具

前文提到，在学习过程中，主动回忆和分散学习至关重要。将这两种学习方法结合起来，就可以实现高效学习。具体的方法也有很多，其中一个就是使用抽认卡。

你要是觉得在纸质卡上写字麻烦，或者不想随身携带卡片，那么可以使用"Anki 记忆卡"这款工具。它是一款在美国广受欢迎的分散学习应用，许多学习任务艰巨的美国医学生都在使用它。

它的特点是，它会根据用户回答抽认卡问题时选择的难易度（"重来""困难""良好""简单"），调整下一次显示该问题的间隔时间。

此外，除了提供常规的一问一答式卡片，它还允许用户创建填空题等多类型问题，并支持嵌入图片和音频。虽然类似的应用有很多，但它是比较主流的工具。《外语流利说：如何快速学习一门语言》一书也介绍了它。我在读书时，如果电脑在身边，我就会把想记住的内容制作成抽认卡。

◎ 康奈尔笔记法

在前文中，我们已经了解到，仅将文字照抄到笔记上并不高效。那么，这代表记笔记完全没用吗？实际上，记笔记的效果取决于你的记录方式。下面，我想介绍一种我认为有效的记笔记方法——康奈尔笔记法。这个方法是由康奈尔大学的沃尔特·鲍克教授发明的。

如图 4-7 所示，康奈尔笔记的页面分为三个部分（A、B、C）：A 部分记录需要记忆的内容。与 A 部分内容相关的问题或关键词，则写进 B 部分。

问题：为什么好奇心在学习中很重要？

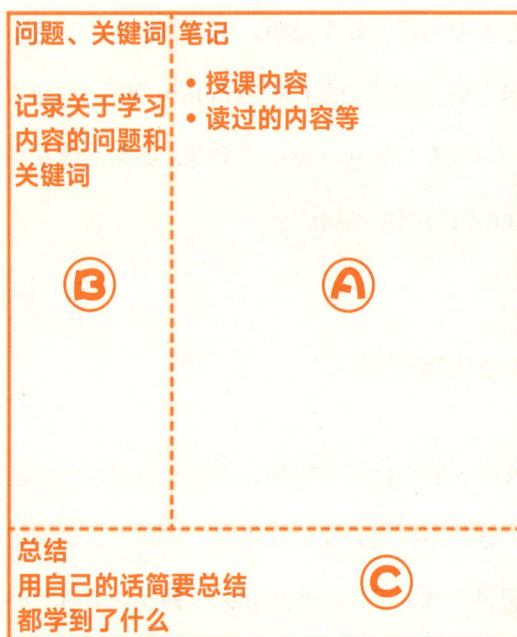

问题、关键词　笔记

记录关于学习　• 授课内容
内容的问题和　• 读过的内容等
关键词

Ⓑ　　　　　　　　Ⓐ

总结
用自己的话简要总结
都学到了什么　　Ⓒ

■ 适用于 PPT 演示资料的示例

引发认知症的危险因素

		问题	笔记
• 缺乏运动	• 香烟		
• 听力衰减	• 社会性孤立		
• 高血压	• 抑郁症		
• 脑外伤	• 糖尿病		
• 酒精	• 大气污染		
• 肥胖	• 未完成中等教育		
（BMI30 以上）			

图 4-7　康奈尔笔记法示例

　　例如，如果你在记关于脱氧核糖核酸（DNA）的笔记，可以

在 A 部分写下相关信息，在 B 部分写下诸如"脱氧核糖核酸的全

称是什么？""脱氧核糖核酸的碱基种类有哪些？"等重要问题，最后在 C 部分用自己的话进行简要总结（如前所述，这比单纯摘抄文字更有效）。

复习时，可以遮住 A 部分的内容，利用 B 部分的问题或关键词进行主动回忆。在复习时，**这样的笔记结构可以帮助你进行主动回忆**，我认为这比单纯阅读笔记更有效。

当然，在记笔记时，你不必严格按照这种方式来分割页面，关键在于理解康奈尔笔记法的核心理念。例如，你可以在正面记笔记，在背面写问题。或者，如果打印出来的演示文稿资料上还有记笔记的空间，你就可以自己画线分割，左边写问题，右边记笔记。这种灵活的分割方法，能使康奈尔笔记法适应不同的学习环境和需求，只要掌握其核心理念，就能有效提升学习效果。

◎ 不忘"要事"，创造性地学习

在生活中，我认为存在"真正重要的事"和"重要但不算真正重要的事"。说实话，为了考试或考证而学习，或者为了职业发展而学习，在我看来都不是"真正重要的事"。

尽管这是一本讲学习方法的书，但我还是想说，人生中有比学习更重要的事。于我而言，与家人和挚友的关系就更加重要。如果用功过度，以至于精神高度紧张，那么就可能迷失"真正重要的事"，有时甚至会将它牺牲掉。

哪怕学习再苦、再累，我都希望能保持幽默感，继续享受生活，关心重要的人。这些都是我时刻牢记于心的事情。

当然，在面临非常重要的考试时，人们也确实需要集中时间进行高强度学习。在医学部上六年级时，我同时备考美国和日本的医生执照考试，一度觉得要学的东西似乎无穷无尽。那时，我几乎拒绝了所有的聚会邀请。不过我认为，与亲密的朋友见面，一起共度时光，对我来说是不可或缺的。因此，当时独居的我经常邀请朋友们到我家，我们先聊会儿天，然后我回到书桌前学一会儿，再去跟朋友们玩……这种方式实在有些另类，不过现在回想起来，其实也算一种分散学习。

那段时光对我来说是弥足珍贵的。虽然如今，我已不再需要在高压之下学习，但在准备一些考试，例如专科医生考试（如前所述，在美国每隔10年需要重新考一次）时，我依然会将学习之外的重要事情放在心上。

那么，对你来说，学习之外的重要事情又是什么呢？也许是与朋友、父母、兄弟姐妹、伴侣、恋人或孩子的关系，也许是用于爱好的时间。即便身处高压之下，需要长时间学习，也不要忘记其他对自己重要的事情，试着创造性地规划你的学习时间。眼里只有"未来的自己"可不行，记得要为"现在的自己"留出时间。

3

睡眠的重要性

　　这位读者，你每天能睡多久呢？白天会感到困倦吗？如果你的睡眠时间少于 7 小时，或者读到此时就在犯困，那么我建议你今天尽量多睡一会儿。

　　在日本，似乎存在这样一种风气——以废寝忘食地学习或工作为荣。我以前也觉得，不惜牺牲睡眠也要埋头苦干的行为是值得骄傲的。

　　尽管睡眠对健康来说极为重要，但我感觉很多人都低估了它的重要性。有研究报告称，每天睡眠不足 7 小时可能导致肥胖、糖尿病、高血压、心脏病、中风、抑郁症，甚至增加死亡风险。如表 4-1 所示，美国睡眠医学会则建议成年人每晚至少睡 7 小时 [125][126]。

表 4-1　美国睡眠医学会推荐睡眠时间

年龄	推荐睡眠时间
4～11 个月	12～16 小时
1～2 岁	11～14 小时
3～5 岁	10～13 小时
6～12 岁	9～12 小时
13～17 岁	8～10 小时
18～60 岁	7 小时以上

2021 年，经济合作与发展组织对 33 个国家和地区的人进行了一项关于睡眠时间的调查。结果显示，日本人的平均每日睡眠时间为 7 小时 22 分，远低于整体平均值的 8 小时 28 分，是所调查国家和地区之中最短的。而且，这只是一个平均值，很多职场人的睡眠时间可能比这还要短。

睡眠不仅对整体健康至关重要，更是在学习和记忆中发挥着关键作用。具体而言，我们的大脑在最初记住信息后，会通过一个叫巩固的过程稳定记忆，使其长期保持下去。**这种记忆巩固的过程，正是在睡眠中得到促进的** [127]。

"睡眠"这个词，可能让人联想到"大脑在休息"的画面。不过实际上，即使处于睡眠之中，大脑也依旧非常活跃。

🔍 相关研究

人们对于睡眠和记忆的研究已有百年之久。例如，1923年，人们进行了一项非常有趣的研究，并于次年发表了题为"睡眠与清醒时的遗忘"（*Obliviscence during sleep and waking*）的文章[128]。

在这项研究中，研究人员邀请了康奈尔大学的两名学生，让他们在实验室及其隔壁的房间里生活了大约两个月。在白天或晚上，学生们每次需要记住10个无意义的音节。一段时间后，测试他们遗忘了多少。

记忆无意义音节，是不是看起来很眼熟？我们在前面提到过，这是艾宾浩斯用来研究遗忘规律的。在艾宾浩斯的实验中，我们可以看到，遗忘随着时间的推移会逐渐变得缓慢，那么这会不会是睡眠带来的效果呢？研究人员正是以此为假设，开展了1932年的这项研究。

在实验中，如果需要学生们在记住音节后不睡觉（保持清醒），就让他们在早上8点至10点记忆音节，并在间隔1小时、2小时、4小时和8小时后回到实验室，尽量回忆记住的音节。而如果需要他们在记住音节后立即睡觉，他们就会在晚上 11 点半至凌晨 1 点记住音节，并在间隔 1 小时、2 小时、4 小时和 8 小时后被叫醒，尽量回忆还记得的音节（刚睡一两小时就被叫醒，感觉也怪可怜的）。每个间隔测试 8 次。

如图 4-8 所示，结果表明，两名学生在记住音节后睡觉的情况下，比在记住音节后保持清醒的情况下，记住了更多的音节。尽管这项研究只针对两个人进行，但结果依旧发人深思。

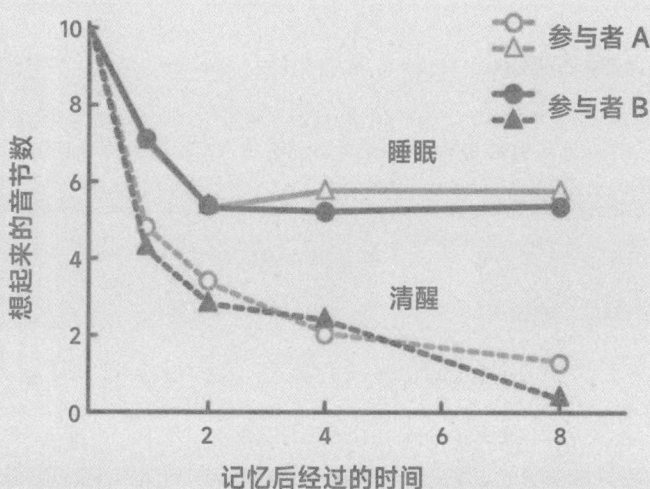

图 4-8　不同长度的睡眠与清醒时间段对记忆的影响

研究者们推测，在记住某些内容后，如果依旧保持清醒，就会继续获取新信息，导致原本记忆的内容变得模糊；而在记忆后睡觉，就没有了新信息的干扰，因此记忆能够保持下去。

不过，经过大量的研究，人们发现睡眠对记忆的作用不仅仅是避免清醒时被新信息干扰[127][129][130]。尽管还有许多尚待解明的问题，但基本可以认为，在睡眠期间，大脑会主动整理和再次激活清醒时形成的记忆，使其更加稳定。

此外，还有一些研究考察了在记忆某些内容后何时入睡，能够更好地巩固记忆。

相关研究

在一项研究中，研究人员招募了 12 名母语为英语且不懂德语的高中生，让他们分别在早上 8 点和晚上 8 点背德语单词，接着在 24 小时及 36 小时后测试他们记住了多少[131]。具体的学习和测试时间安排如下：

①上午 8 点背单词，15 小时后入睡，并在 24 小时后（第二天上午 8 点）测试遗忘程度。

②上午 8 点背单词，15 小时后入睡，并在 36 小时后（第二天晚上 8 点）测试遗忘程度。

③晚上 8 点背单词，3 小时后入睡，并在 24 小时后（第二天晚上 8 点）测试遗忘程度。

④晚上 8 点背单词，3 小时后入睡，第二天按正常时间入睡，并在 36 小时后（第三天上午 8 点）测试遗忘程度。

结果如图 4-9 所示，晚上 8 点学习（3 小时后入睡）的情况下，遗忘率相对较低。

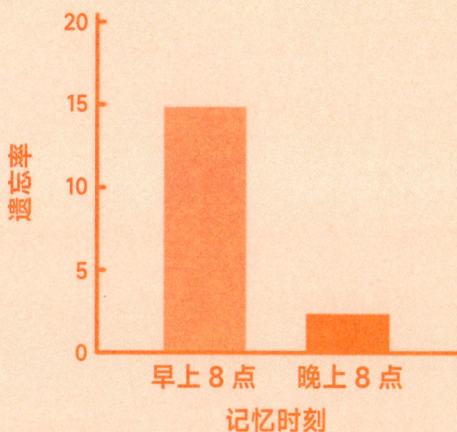

图 4-9　不同学习时刻下的遗忘程度

此外，多项研究也表明，在记忆某些内容后尽快入睡，有助于降低遗忘率[132][133]。由此可见，对难以记住或必须背下的内容，在睡前进行学习或复习可能更加有效。如果你把长期记忆视为一个学习目的，那么就应该**把优质的睡眠纳入你的学习计划**。

为了保证优质的睡眠，美国睡眠医学会给出了以下几点建议。

① 保证规律的睡眠时间，即使是周末或假期，也要在同一时间起床。

② 尽量早睡，以确保每天有 7～8 小时的睡眠时间。

③ 不困的时候，不要上床睡觉。

④ 如果上床 20 分钟后仍无法入睡，应起床进行安静的活动，避开明亮的光线，并且不要使用电子设备。

⑤ 确定一个能让自己放松的睡前习惯。

⑥ 床只用于睡眠。

⑦ 将卧室打造成一个安静、放松的空间，保持舒适和凉爽。

⑧ 傍晚以后避免强光照射。

⑨ 至少在睡前 30 分钟关闭电子设备。

⑩ 避免睡前吃大餐，如果晚上饿了，就选择健康的轻食。

⑪ 定期运动并保持健康饮食。

⑫ 下午或晚上不要摄入咖啡因。

⑬ 避免睡前饮酒。

⑭ 睡前少喝水。

◎ 咖啡因、酒精与睡眠的关系

我发现很多人似乎不了解"咖啡因的半衰期"，在此简单说明一下。人体在摄入咖啡因后，血液中咖啡因的浓度在 15 分钟～2

小时达到峰值，浓度减半通常是在摄入后的 2.5 小时 ~ 6 小时。

咖啡因从体内完全代谢出去的时间则存在很大差异，这是因为肝脏酶的代谢速度因人而异。对那些代谢速度较慢的人，咖啡因更容易残留在体内，哪怕是在下午早些时候摄入的，也可能影响睡眠质量。

我非常喜欢咖啡，每天都会喝，但咖啡因太容易影响我的睡眠了，所以我在下午两三点后就尽量不喝咖啡了。不过，我父母和太太哪怕在睡前大口地喝咖啡、绿茶，也能轻松入睡。

虽然有人喝了酒之后很快就能睡着，不过这样会导致睡眠质量变差，我并不推荐。另外，如果在睡前喝水太多，就会导致频繁起夜，建议大家睡前还是少喝水吧。

复 | 习 | 笔 | 记

☑ 睡眠不足可能导致哪些疾病？

_____

☑ 睡眠对记忆的影响是什么？

_____

☑ 为了保证优质的睡眠，美国睡眠医学会给出了哪些
建议？

_____

☑ 精细提问和自我解释有什么区别？

_____

☑ 学徒效应是什么？向你的家人或朋友讲解本书的部分
内容。

_____

☑ 放下本书，将你还记得的书中内容都写在纸上。

_____

4
运动的重要性

▼

我们的大脑神经细胞会随着年龄的增长而逐渐减少。研究发现，海马体（负责记忆功能的重要部位）的萎缩不仅会导致衰老，还与高血压、糖尿病、心血管疾病、肥胖、睡眠呼吸暂停综合征、抑郁症、颅脑损伤、阿尔茨海默病等多种疾病有关 [134]。

"脑细胞会不断减少"，这个说法让人有种无能为力的悲伤感，不过也有好消息：在大脑的海马体等有限区域内，神经细胞是可以增殖的。

1997 年,《自然》杂志上发表了一篇著名的论文[135]。在这篇论文的研究中,研究人员将老鼠分成两组进行饲养,并比较了它们的海马体细胞数量,以及在迷宫(莫里斯水迷宫)中的学习能力差异。

- A 组:在配备跑轮、隧道、玩具等刺激丰富的饲养箱中饲养,除了普通饲料,它们还有奶酪、苹果、爆米花等食物
- B 组:在没有常见玩具的饲养箱中,用普通饲料进行饲养

随后,研究人员对老鼠的大脑进行了检查,发现在更具刺激性环境中成长的 A 组老鼠,其海马体"齿状回"(与记忆密切相关的部分)中的神经细胞(颗粒细胞)数量要多出 15%(见图 4-10)。

此外,在测试空间记忆的莫里斯水迷宫实验中,研究人员发现,A 组(刺激丰富)老鼠比 B 组(普通饲养)老鼠学习速度更快。这是一个很有趣的结果:在刺激丰富的环境中饲养老鼠,能够增加其海马体细胞的数量,并提升记忆力。

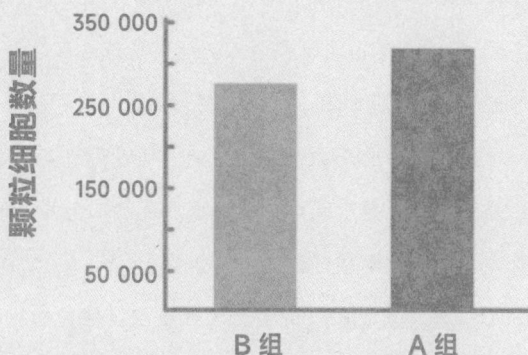

图 4-10 齿状回的颗粒细胞数量

　　许多研究表明，类似的规律在人类身上也得到了体现——进行对脑部刺激性大的活动，有助于改善认知功能。一项针对 75~85 岁人群的长期追踪调查研究了哪些人易患认知症。结果表明，有阅读、桌游、乐器演奏或舞蹈等兴趣爱好的人，罹患认知症的风险较低[136]。

　　与前面提到的老鼠实验类似，人类的各种活动也会让海马体细胞增加，其中一种活动就是高强度学习。举个例子：为了成为伦敦的"黑色出租车"① 司机，考生必须通过一项名为"The Knowledge"的高难度认证考试。考生必须记住伦敦错综复杂的 25 000 多条街道的名称，以及 20 000 多个地标，为

① "黑色出租车"是伦敦的一种标志性的文化，车费也比其他车型贵一些。——编者注

此通常需要学习 3～4 年。一项研究通过磁共振成像技术发现，考生在经过 3～4 年的学习和训练、通过认证考试后，与还未备考时相比，其海马体有一部分明显增大[137]。

针对德国医学生开展的一项研究，也得到了类似的结果。在备考德国医生执照考试期间，学生们连续三个月每天学习，结果显示他们海马体的一部分明显增大了[138]。

由此可见，通过积极用脑，大脑某些区域内的细胞会进行增殖。此外，运动也可以促进海马体细胞的增殖，并有望提高认知功能。

相关研究

2011 年，埃里克森等人进行了一项研究，考察了有氧运动对海马体的影响，研究对象为 55 岁以上且没有患认知症的人[139]。参与者被分为两组，一组每周进行中等强度的有氧运动，另一组只进行拉伸运动。在研究开始时、半年后和一年后，分别通过磁共振成像技术测量参与者海马体的大小。

结果显示，在一年后，只进行拉伸运动的参与者海马体体积减小了约 1.4%，而定期进行有氧运动的参与者海马体体积增大了约 2%。

关于运动对记忆等认知功能影响的研究还有很多，然而受研究方法和条件的影响，即使研究内容相似，结果也往往是不一致的，因此很难简要总结这些研究成果[140][141]。

影响结果的因素包括研究对象的特征、运动的强度、运动的频率和持续时间，以及效果的判定时间和方式等。基于此，有大量的系统性综述和整合分析对这些研究进行了归纳与总结。

美国人体力活动指南专家咨询委员会在一份报告中，调查总结了过去 76 篇整合分析和系统性综述，以研究运动对认知功能的影响[142]。该报告指出，虽然对部分年龄段人群的研究仍不够充分，但根据现有的结果，可以认为中高强度的体力活动与认知功能的改善（如学业成绩、神经心理学测试数据提升，以及患认知症风险降低）之间存在连续相关性。

很多人认为，运动要定期进行，且长期坚持才能见到效果。事实上，若论学习效果，哪怕只运动一次也能为其带来显著提升。该委员会的报告同样指出，运动一次就可以在短期内提升大脑的执行功能、处理速度、注意力和记忆力。具体哪种运动最有效，目前尚不明确，不过研究表明，即使是中低强度的、持续 11 ~ 20 分钟的运动，也能产生一定的效果。

人们已经调查过不少运动形式，包括快走、跑步和骑自行车等。此外，有报告指出，要想提升长期记忆效果，最好在运动后

进行记忆 [141]。

对于需要长时间备考资格考试的人，当注意力出现涣散时，可以快走或慢跑 10～20 分钟，这样不仅能调节心情，或许还可以促进记忆的巩固。

◎ 了解运动健脑的原因之一

运动之所以健脑，是因为脑源性神经营养因子发挥了重要作用 [143]。

脑源性神经营养因子是一种蛋白质，主要功能是促进神经细胞生长、强化神经细胞突触形成及突触间的连接，对脑功能至关重要 [144][145]。在记忆形成的过程中，神经细胞之间的突触上会出现信号传递增强的现象，这被称为"长时程增强"，脑源性神经营养因子在这一现象中也发挥了重要作用。

研究表明，哪怕仅运动一次，脑源性神经营养因子水平也会提升。因此，在研究运动对认知功能的作用机理时，脑源性神经营养因子得到了研究者的广泛关注（实际上，还有许多其他过程参与其中）[146]。

我们在前面阐述了睡眠对于学习的重要性。将适度运动与优质睡眠结合起来，就打好了高效学习的基础。

"运动有益于健康"不仅体现在降低患认知症风险与改善认知功能上，还包括以下多个方面：

- 降低总体死亡率

- 降低心血管疾病的致死率

- 预防高血压

- 预防糖尿病

- 调节血脂紊乱

- 改善睡眠

- 预防焦虑症和抑郁症

- 预防跌倒

- 降低患肺癌、胃癌、子宫内膜癌、结肠癌、乳腺癌、膀胱癌和肾癌等癌症的风险

作为一名医生，我认为运动乃一剂"良药"。希望大家都能将运动积极地融入日常生活，这不仅仅是为了提高学习效率，更是为了长久地享受健康的生活。

根据《美国人体力活动指南》的建议，成年人每周应进行150分钟～300分钟的中强度有氧运动，或75分钟～150分钟的

高强度有氧运动[142]。中强度有氧运动包括快走、水中健身、慢骑自行车和园艺活动等。高强度有氧运动包括跑步、打网球、游泳、骑行运动、远足和跳绳等。此外，它还建议人们每周进行两天以上的力量训练。

一周运动 150 分钟，相当于每周运动 5 天，每天运动 30 分钟。对于平时工作缠身的人，这些时间很难挤出来。因此，我建议大家在通勤或工作时简单活动活动，消耗点能量。以我为例，如果我要在医院工作一整天，且回家之后也抽不出时间做有氧运动，那么当天我在医院里就会只走楼梯。

还有一类群体，他们只在周末等休息日里集中运动，被称作"周末战士"。不过研究表明，这样的短期集中运动同样能带来显著的保健效果[147][148]。

至此，我们阐述了保持学习动机、进行适度运动和确保充足睡眠对学习的重要性。总的来说，当我们思考"如何更有效地学习"时，不仅要考虑信息的高效输入和输出等技术性问题，还应当注意尽量保持良好的身心状态。

复 | 习 | 笔 | 记

☑ 大脑中，神经细胞可以增殖的部位是哪里？

_____

☑ 运动会对海马体的细胞数量与认知功能产生怎样的
影响？

_____

☑ 阐述身体活动及运动对健康的积极影响。

_____

☑ 什么是精细提问？

_____

☑ 主动回忆包括哪些方法？

_____

_____

_____

_____

5
缓解学习焦虑

▼

"花了这么多时间和精力，最终可能还是一场空。"

"如果在关键时刻掉链子，搞砸了怎么办？"

当设定了很高的目标并为之奋斗时，我们可能就会产生这样的焦虑。我在备考美国医生执照考试时也有过这样的感受，因为我必须一次通过考试，分数也得高。美国医院的职位竞争尤为激烈，面对成千上万名优秀的外国医生，我也时常担心自己不会被录用。

展望未来确实很重要，但当我们发现要做的事情堆积成山时，我们可能会因此感到焦虑。每当这种时候，我都会提醒自己"今日事，今日毕"。这句话出自戴尔·卡耐基的《人性的优点》（*How to Stop Worrying and Start Living*），书名直译为《如何停止忧虑、开启生活》，引用的是威廉·奥斯勒的话。

威廉·奥斯勒是著名的内科医生，曾任四所大学的教授，也是约翰斯·霍普金斯大学医学院的创始人之一，为现代医学教育奠定了基础。他曾表示，历史学家托马斯·卡莱尔所说的"对我们来说，重要的不是眺望遥远又模糊的东西，而是执行身边清晰可见的事情"，让他产生了深深的共鸣。

威廉·奥斯勒建议我们，不要为未来感到不安，也不要为过去感到后悔，要用铜墙铁壁隔绝未来与过去，养成"今日事，今日毕"的习惯。这一席话给了我勇气，让我明白不必为过去的失败烦恼，也不必为未来的事情过度担忧，只要尽力做好眼前的事情便足矣。

此外，我还联想到了在米切尔·恩德的《毛毛》中，清洁工老爷爷贝波说的话。下面分享一些我很喜欢的：

"有时候你要负责一条非常长的路，长到让你觉得根本扫不完。"（中略）

"不要一次想着整条路，明白吗？只想下一步，只想下一次呼吸，只想下一扫。永远只想着下一步。"（中略）

"你会突然发现，你一步一步地扫完了整条路。你也不知道是怎么做到的，连气都不喘。"贝波点点头，总结道，"这才是最重要的。"

"我能做到吗？"

"我能通过考试吗？"

······

当有很多事情要做时，我们可能会感到焦虑，怀疑自己是否能够完成。这种时候，我们可以专注于眼前的小范围，比如今天能做的 30 道题，今天能记住的单词和术语。这样日积月累，小的行动就会带来大的成果，工作中也是同样的道理。

◎ 通过"写日记"消解负面情绪

当你对考试感到焦虑时，我建议你将自己的感受和想法"写下来"。

🔍 相关研究

发表在《科学》杂志上的一篇研究，让高中生在第一学期的期末考试前写下自己的感受和想法，并考察了这一做法的效果[149]。

在考试前六周，研究人员调查了学生对考试的焦虑程度，并将他们分为两组：

- A组：在考前 10 分钟内，自由写下对于考试的感受和想法
- B组：写下与考试无关的主题

研究结果显示，在那些极度焦虑的学生中，考前写下自己感受的学生，比没写的学生考试成绩更好。

为了缓解不安和焦虑等负面情绪，我采用了一种有效的方法——**写日记**[150][151]。我并非仅记录自己的所见所感，而是记录自己对某个事件的感受和想法、自己的理解以及打算采取的应对措施。写日记不仅对学习有帮助，也在生活的方方面面中发挥着作用。

在《人性的优点》中，作者也建议我们通过以下步骤来解决烦恼：

①详细写下自己烦恼的事情；

②写下自己能做些什么；

③决定该怎么做；

④立即执行这个决定。

在医院工作的时候，我经常要直面死亡。我见证了许多比我年轻的人逝去的过程。哪怕尽了当代医学的最大努力，一些患者仍会病情恶化，最终去世，这让我感到非常无力。与此同时，我也要面对逝者家属的强烈情感。作为医生，我平时会尽量装作平静，内心却难免情绪翻涌，而且我也能意识到自己受到了影响。遇到这种情况时，我会写下自己的感受及看法。

在第2章中，我提到了元认知（对自己思维的认知和理解）对于学习的重要性。写日记其实就是锻炼元认知的好办法。

◎ **致正在勤学苦练的你**

最后，我想对正顶着压力、埋头苦学的人说说心里话。

在我将有关学习方法的视频上传到油管后，许多正在努力学习的人留下了评论，其中包括立志报考医学院的高中生，为成为会计师或税务师而学习的人，努力学习外语的人，年纪大了却依然勇于挑战新知识的人，为重新就业而努力学习的人，在美国或加拿大等地区准备资格考试的人，等等。

当我们为一个远大的目标而勤学苦练时，确实怀揣着"我能做到"的信心，但与此同时，内心深处可能也暗藏着"我做不到"的自我否定。在压力之下日复一日地学习，无疑需要投入大量时间和精力，也是一趟孤独的旅程。只有自己才知晓目标有多重要，学习有多困难，旁人终究无法真正感受到这种压力和孤独，而我也经历过这种感受。

在过去那段日子里，我多次前往美国，参加医生执照的技能考试或医院的面试。记得有一天晚上，我坐在开往机场的班车上，旁边坐着一位美国女性。我们聊了一会儿后，我告诉她，我正在努力成为美国的医生，但这对一个外国医生来说很难，我不确定自己能否成功。她似乎看出了我的不自信，对我说："我相信你一定可以做到。"当时我有些惊讶，我们是初次见面的陌生人，她怎么能如此笃定地对我说出这句话？虽然我已经不记得她的模样，但她的话却奇妙地留在了我的心底，为我带来一丝激励。

"我相信你一定可以做到。"

如果你和在我的视频评论区里留言的观众们一样，正在为跨越高山而努力拼搏，那么我也想对你说这句话。在这本书中，我介绍了许多学习方法，有时还会涉及一些稍显复杂的内容，但我真正想传达的，其实就是这样一个简单的信息。这也是我写作这本书的主要动机之一。

后　记

2020 年 4 月左右，作为一名在美国工作的临床医生，我开始接诊许多新型冠状病毒的感染者。当时，医院里住进了数百名感染者，每天都有很多人去世。在寂静的住院部里，不时响起通知患者病情急剧恶化的"急救"广播，让气氛异常沉重。

防护装备，尤其是口罩严重短缺，我们不得不连续几周使用同一个口罩，或者将他人用过的口罩消毒后重复使用。这种新型的急性病毒性感染，令如此多的人遭受痛苦，其中一些人甚至未能等到有效治疗就离世，简直令人难以置信。

在无法预知自己会不会感染的情况下，为了不把病毒传染给妻儿，我尽量不接触家人，自己在狭小衣橱的底板上铺了被褥，就这样熬过了两个月。在那段时间里，我每晚都躺在逼仄的空间内，即便如此也没有陷入悲观，而是竭尽全力完成自己的工作。这是为什么呢？现在想来，或许是因为我内心深处相信着人类的智慧。

虽然自己的前路不明，但我坚信，人类能够依靠积累的智慧与知识战胜这场疫情。这种近乎信念的预感支撑着我。后来，在已有知识和技术的基础上，新的知识迅速累积。尽管我们失去了很多，也有许多需要反思的地方，但那时的预感最终变成了现实。作为一名临床医生，在那段日子里，我深刻感受到了人类智慧的强大力量。

2020 年，许多人都怀抱着不安，却依旧努力前行。当时，我也想过自己能做些什么，于是开始向大众分享医生所具备的知识。后来，这演变成关于学习方法的视频，最终汇集成了这本书。

我写这本书的初衷，是立足于长期以来的学术研究，让更多人了解一些科学的学习方法。我坚信，我们需要获取这些知识，来优化我们的学习及教学方法。

在这本书中，我主要介绍了主动回忆（唤醒练习）、分散学习、生产效应、学徒效应、精细提问、自我解释、交叉学习、古老的记忆术、好奇心的重要性、自我参考效应、自我效能感，以及睡眠和运动对学习的影响。我期待能有更多的人实践这些方法，深化集体智慧，进而建设更加美好的社会。

最重要的是，我希望与我生活在同一时代的你，通过了解这些学习方法，能够最大限度地发挥自己的能力，活出更加精彩的人生。

参考文献

1. Karpicke JD, Butler AC, Roediger HL. Metacognitive strategies in student learning: do students practise retrieval when they study on their own? *Memory*. 2009; 17(4): 471-9.

2. Rawson KA, Kintsch W. Rereading Effects Depend on Time of Test. *Journal of Educational Psychology*. 2005; 97(1): 70-80.

3. Callender AA, McDaniel MA. The limited benefits of rereading educational texts. *Contemporary Educational Psychology*. 2009; 34(1): 30-41.

4. Rothkopf EZ. Textual constraint as function of repeated inspection. *Journal of Educational Psychology*. 1968; 59(1): 20-25.

5. Dunlosky J, Rawson KA, Marsh EJ, Nathan MJ, Willingham DT. Improving Students' Learning with Effective Learning Techniques: Promising Directions from Cognitive and Educational Psychology. *Psychol Sci Public Interest*. 2013; 14(1): 4-58.

6. Brown PC, Roediger HL, McDaniel MA. *Make lt Stick: The Science of*

Successful Learning. The Belknap Press of Harvard University Press; 2014.

7. Bjork EL, Bjork RA. Making things hard on yourself, but in a good way: Creating desirable difficulties to enhance learning. In: Gernsbacher MA, Pew RW, Hough LM, Pomerantz JR, eds. *Psychology and the Real World: Essays lllustrating Fundamental Contributions to Society*. Worth Publishers; 2011: 56-64.

8. 石井英真.「改訂版タキソノミー」によるブルーム・タキソノミーの再構築：知識と認知過程の二次元構成の検討を中心に. *教育方法学研究*. 2003; 28: 47-58.

9. Anderson LW, Krathwohl DR, Bloom BS. *A Taxonomy for Learning, Teaching, and Assessing: A Revision of Bloom's Taxonomy of Educational Objectives*. Complete ed. Longman; 2001.

10. Bretzing BH, Kulhavy RW. Notetaking and depth of processing. *Contemporary Educational Psychology*. 1979; 4(2): 145-153.

11. Bednall TC, James Kehoe E. Effects of self-regulatory instructional aids on self-directed study. *Instructional Science*. 2011; 39(2): 205-226.

12. Rinehart SD, Stahl SA, Erickson LG. Some Effects of Summarization Training on Reading and Studying. *Reading Research Quarterly*. 1986; 21(4): 422-438.

13. Kobayashi K. What limits the encoding effect of note-taking? A meta-analytic examination. *Contemporary Educational Psychology*. 2005; 30(2): 242-262.

14. Fowler RL, Barker AS. Effectiveness of highlighting for retention of text material. *Journal of Applied Psychology*. 1974; 59(3): 358-364.

15. Peterson SE. The cognitive functions of underlining as a study technique. *Reading Research and Instruction*. 1992; 31(2): 49-56.

16. Regan ARG, Janet W, Amanda J. Focusing on How Students Study. *Journal of Scholarship of Teaching and Learning*. 2012; 10(1): 28-35.

17. Pashler H, McDaniel M, Rohrer D, Bjork R. Learning Styles: Concepts and Evidence. *Psychological Science in the Public Interest*. 2008; 9(3): 105-119.

18. Massa LJ, Mayer RE. Testing the ATI hypothesis: Should multimedia instruction accommodate verbalizer-visualizer cognitive style? *Learning and Individual Differences*. 2006; 16(4): 321-335.

19. Husmann PR, O'Loughlin VD. Another Nail in the Coffin for Learning Styles? Disparities among Undergraduate Anatomy Students' Study Strategies, Class Performance, and Reported VARK Learning Styles. *Anatomical Sciences Education*. 2019; 12(1): 6-19.

20. Roediger HL, Karpicke JD. Test-Enhanced Learning: Taking Memory Tests Improves Long-Term Retention. *Psychological Science*. 2006; 17(3): 249-255.

21. Karpicke JD, Blunt JR. Retrieval Practice Produces More Learning than Elaborative Studying with Concept Mapping. *Science*. 2011; 331(6018): 772-775.

22. Gates Al. Recitation as a factor in memorizing. *Archives of Psychology*. 1917; 40.

23. Abbott EE. On the analysis of the factor of recall in the learning process. *The Psychological Review: Monograph Supplements*. 1909; 11(1): 159-177.

24. Roediger HL, Agarwal PK, McDaniel MA, McDermott KB. Test-enhanced learning in the classroom: long-term improvements from quizzing. *Journal of Experimental Psychology: Applied*. 2011; 17(4): 382-95.

25. McDaniel MA, Agarwal PK, Huelser BJ, McDermott KB, Roediger lii HL. Test-enhanced learning in a middle school science classroom: The effects of quiz frequency and placement. *Journal of Educational*

Psychology. 2011; 103(2): 399-414.

26. Glover JA. The "testing" phenomenon: Not gone but nearly forgotten. *Journal of Educational Psychology*. 1989; 81(3): 392-399.

27. Kang SHK, McDermott KB, Roediger lii HL. Test format and corrective feedback modify the effect of testing on long-term retention. *European Journal of Cognitive Psychology*. 2007; 19(4-5): 528-558.

28. Carpenter SK, Delosh EL. Impoverished cue support enhances subsequent retention: Support for the elaborative retrieval explanation of the testing effect. *Memory & Cognition*. 2006; 34(2): 268-276.

29. Carpenter SK, Pashler H, Wixted JT, Vul E. The effects of tests on learning and forgetting. *Memory & Cognition*. 2008; 36(2): 438-48.

30. MacLeod CM, Bodner GE. The Production Effect in Memory. *Current Directions in Psychological Science*. 2017; 26(4): 390-395.

31. Forrin ND, MacLeod CM. This time it's personal: the memory benefit of hearing oneself. *Memory*. 2018; 26(4): 574-579.

32. Kobayashi K. Learning by Preparing-to-Teach and Teaching: A Meta-Analysis. *Japanese Psychological Research*. 2019; 61(3): 192-203.

33. Fiorella L, Mayer RE. Eight Ways to Promote Generative Learning. *Educational Psychology Review*. 2016; 28(4): 717-741.

34. Nestojko JF, Bui DC, Kornell N, Bjork EL. Expecting to teach enhances learning and organization of knowledge in free recall of text passages. *Memory & Cognition*. 2014; 42(7): 1038-48.

35. Anderson MC, Hulbert JC. Active Forgetting: Adaptation of Memory by Prefrontal Control. *Annual Review of Psychology*. 2021; 72(1): 1-36.

36. Davis RL, Zhong Y. The Biology of Forgetting—A Perspective. *Neuron*. 2017; 95(3): 490-503.

37. Parker ES, Cahill L, McGaugh JL. A case of unusual autobiographical remembering. *Neurocase*. 2006; 12(1): 35-49.

38. Kang SHK. Spaced Repetition Promotes Efficient and Effective Learning: Policy Implications for Instruction. *Policy Insights from the Behavioral and Brain Sciences*. 2016; 3(1): 12-19.

39. Ebbinghaus H. *Memory: A contribution to experimental psychology*. Dover; 1964.

40. Bahrick HP. Maintenance of knowledge: Questions about memory we forgot to ask. Journal of Experimental Psychology: General. 1979; 108(3): 296-308.

41. Sobel HS, Cepeda NJ, Kapler IV. Spacing effects in real-world classroom vocabulary learning. *Applied Cognitive Psychology*. 2011; 25(5): 763-767.

42. Cepeda NJ, Pashler H, Vul E, Wixted JT, Rohrer D. Distributed practice in verbal recall tasks: A review and quantitative synthesis. *Psychological Bulletin*. 2006; 132(3): 354-380.

43. Cepeda NJ, Vul E, Rohrer D, Wixted JT, Pashler H. Spacing effects in learning: a temporal ridgeline of optimal retention. *Psychological Science*. 2008; 19(11): 1095-102.

44. The true history of spaced repetition.

45. Kang SH, Lindsey RV, Mozer MC, Pashler H. Retrieval practice over the long term: should spacing be expanding or equal-interval? *Psychon Bull Rev*. 2014; 21(6): 1544-50.

46. Geller J, Toftness AR, Armstrong Pl, et al. Study strategies and beliefs about learning as a function of academic achievement and achievement goals. *Memory*. 2018; 26(5): 683-690.

47. Rawson KA, Dunlosky J. Successive Relearning: An Underexplored but Potent Technique for Obtaining and Maintaining Knowledge. Current Directions in *Psychological Science*. 2022; 31(4): 362-368.

48. Carpenter SK, Pan SC, Butler AC. The science of effective learning with spacing and retrieval practice. *Nature Reviews Psychology*. 2022; 1(9):

496-511.

49. Rawson KA, Dunlosky J, Sciartelli SM. The Power of Successive Relearning: Improving Performance on Course Exams and Long-Term Retention. *Educational Psychology Review*. 2013; 25(4): 523-548.

50. Roediger HL, Pyc MA. Inexpensive techniques to improve education: Applying cognitive psychology to enhance educational practice. *Journal of Applied Research in Memory and Cognition*. 2012; 1(4): 242-248.

51. Woloshyn VE, Willoughby T, Wood E, Pressley M. Elaborative interrogation facilitates adult learning of factual paragraphs. *Journal of Educational Psychology*. 1990; 82(3): 513-524.

52. Smith BL, Holliday WG, Austin HW. Students' comprehension of science textbooks using a question-based reading strategy. *Journal of Research in Science Teaching*. 2010; 47(4): 363-379.

53. Yuan Q, Li M, Desch SJ, et al. Moon-forming impactor as a source of Earth's basal mantle anomalies. *Nature*. 2023; 623(7985): 95-99.

54. Bisra K. Liu Q, Nesbit JC, Salimi F, Winne PH. Inducing Self-Explanation: a Meta-Analysis. *Educational Psychology Review*. 2018; 30(3): 703-725.

55. Chi MTH, De Leeuw N, Chiu M-H, Lavancher C. Eliciting Self-Explanations Improves Understanding. *Cognitive Science*. 1994; 18(3): 439-477.

56. Kerr R, Booth B. Specific and Varied Practice of Motor Skill. *Perceotual and Motor Skills*. 1978; 46(2): 395-401.

57. Shea JB, Morgan RL. Contextual interference effects on the acquisition, retention, and transter of a motor skill. Journal of Experimental Psychology: Human Learning and Memory. 1979; 5(2): 179-187.

58. Goode S, Magill RA. Contextual Interference Effects in Learning Three Badminton Serves. *Research Quarterly for Exercise and Sport*. 1986;

57(4): 308-314.

59. Brady F. The contextual interference effect and sport skills. *Perceptual and Motor Skills*. 2008; 106(2): 461-72.

60. Porter JM, Landin D, Hebert EP, Baum B. The Effects of Three Levels of Contextual Interference on Performance Outcomes and Movement Patterns in Golf Skills. *International Journal of Sports Science & Coaching*. 2007; 2(3): 243-255.

61. Kalkhoran JF, Shariati A. The Effects of Contextual Interference on Learning Volleyball Motor Skills. *Journal of Physical Education & Sport*. 2012; 12(4): 550-556.

62. Hall KG, Domingues DA, Cavazos R. Contextual interference effects with skilled baseball players. *Perceptual and Motor Skills*. 1994; 78(3 Pt 1): 835-41.

63. Stambaugh LA. When Repetition Isn't the Best Practice Strategy: Effects of Blocked and Random Practice Schedules. *Journal of Research in Music Education*. 2011; 58(4): 368-383.

64. Abushanab B, Bishara AJ. Memory and metacognition for piano melodies: lllusory advantages of fixed-over random-order practice. *Memory & Cognition*. 2013; 41(6): 928-937.

65. Rohrer D, Taylor K. The shuffling of mathematics problems improves learning. *Instructional Science*. 2007; 35(6): 481-498.

66. Taylor K, Rohrer D. The effects of interleaved practice. *Applied Cognitive Psychology*. 2010; 24(6): 837-848.

67. Rohrer D, Dedrick RF, Hartwig MK, Cheung C-N. A randomized controlled trial of interleaved mathematics practice. *Journal of Educational Psychology*. 2020; 112(1): 40-52.

68. Firth J, Rivers I, Boyle J. A systematic review of interleaving as a concept learning strategy. *Review of Education*. 2021; 9(2): 642-684.

69. Hatala RM, Brooks LR, Norman GR. Practice makes perfect: the critical role of mixed practice in the acquisition of ECG interpretation skills. *Adv Health Sci Educ Theory Pract*. 2003 ; 8(1): 17-26.

70. Eglington LG, Kang SHK. Interleaved Presentation Benefits Science Category Learning. Journal of Applied Research in Memory and Cognition. 2017 ; 6(4): 475-485.

71. Wahlheim CN, Dunlosky J, Jacoby LL. Spacing enhances the learning of natural concepts: an investigation of mechanisms, metacognition, and aging. Memory & Cognition. 2011; 39(5): 750-63.

72. Yan VX, Soderstrom NC, Seneviratna GS, Bjork EL, Bjork RA. How should exemplars be sequenced in inductive learning? Empirical evidence versus learners' opinions. *Journal of Experimental Psychology: Applied*. 2017; 23(4): 403-416.

73. Kornell N, Bjork RA. Learning concepts and categories: Is spacing the "enemy of induction?" . *Psychological Science*. 2008; 19(6): 585-592.

74. Hausman H, Kornell N. Mixing topics while studying does not enhance learning. *Journal of Applied Research in Memory and Cognition*. 2014; 3(3): 153-160.

75. Rau MA, Aleven V, Rummel N. Blocked versus interleaved practice with multiple representations in an intelligent tutoring system for fractions. In: Aleven V, Kay J, Mostow J, eds. *Intelligent Tutoring Systems*. Springer Berlin / Heidelberg; 2010.

76. Hamann S. Cognitive and neural mechanisms of emotional memory. *Trends Cogn Sci*. 2001; 5(9): 394-400.

77. ヘレンニウスヘ：記憶術の原典．貴重資料研究会翻訳．

78. Maguire EA, Valentine ER, Wilding JM, Kapur N. Routes to remembering: the brains behind superior memory. *Nature Neuroscience*. 2003; 6(1): 90-95.

79. Atkinson RC, Raugh MR. An application of the mnemonic keyword method to the acquisition of a Russian vocabulary. *Journal of Experimental Psychology: Human Learning and Memory*. 1975; 1(2): 126-133.

80. Hulleman CS, Harackiewicz JM. Promoting interest and performance in high school science classes. *Science*. 2009; 326(5958): 1410-1412.

81. Hulleman CS, Godes O, Hendricks BL, Harackiewicz JM. Enhancing interest and performance with a utility value intervention. *Journal of Educational Psychology*. 2010; 102(4): 880-895.

82. Guo J, Marsh HW, Morin AJS, Parker PD, Kaur G. Directionality of the associations of high school expectancy-value, aspirations, and attainment: A longitudinal study. *American Educational Research Journal*. 2015; 52(2):371-402.

83. Valentine JC, DuBois DL, Cooper H. The relation between self-beliefs and academic achievement: A meta-analytic review. *Educational Psychologist*. 2004; 39(2): 111-133.

84. O' Mara AJ, Marsh HW, Craven RG, Debus RL. Do Self-Concept Interventions Make a Difference? A Synergistic Blend of Construct Validation and Meta-Analysis. *Educational Psychologist*. 2006; 41(3): 181-206.

85. Bandura A. *Self-efficacy: The Exercise of Control*. WH Freeman & Co; 1997.

86. Zimmerman BJ. Self-Efficacy: An Essential Motive to Learn. *Contemporary Educational Psychology*. 2000; 25(1): 82-91.

87. Multon KD, Brown SD, Lent RW. Relation of self-efficacy beliefs to academic outcomes: A meta-analytic investigation. *Journal of Counseling Psychology*. 1991; 38(1): 30-38.

88. Rottinghaus PJ, Larson LM, Borgen FH. The relation of self-efficacy and

interests: A meta-analysis of 60 samples. *Journal of Vocational Behavior*. 2003; 62(2): 221-236.

89. Usher EL, Pajares F. Sources of Self-Efficacy in School: Critical Review of the Literature and Future Directions. *Review of Educational Research*. 2008; 78(4): 751-796.

90. Bandura A, Schunk DH. Cultivating competence, self-efficacy, and intrinsic interest through proximal self-motivation. *Journal of Personality and Social Psychology*. 1981; 41(3): 586-598.

91. Schunk DH, Ertmer PA. Self-Regulation and Academic Learning: Self-Efficacy Enhancing Interventions. In Boekaerts M, Pintrich PR, Zeidner M, eds. *Handbook of Self-Regulation*. Academic Press; 2000: 631-649.

92. Schunk DH. Progress self-monitoring: Effects on children's self-efficacy and achievement. *Journal of Experimental Education*. 1982; 51(2): 89-93.

93. Lan WY, Bradley L, Parr G. The Effects of a Self-Monitoring Process on College Students' Learning in an Introductory Statistics Course. *Journal of Experimental Education*. 1993; 62(1): 26-40.

94. Schlarb AA, Kulessa D, Gulewitsch MD. Sleep characteristics, sleep problems, and associations of self-efficacy among German university students. *Nature and Science of Sleep*. 2012; 4:1-7.

95. McAuley E, Blissmer B. Self-Efficacy Determinants and Consequences of Physical Activity. *Exercise and Sport Sciences Reviews*. 2000; 28(2): 85-88.

96. Ryan RM, Deci EL. *Self-Determination Theory: Basic Psychological Needs in Motivation, Development, and Wellness*. The Guilford Press; 2017.

97. Patrick H, Williams GC. Self-determination theory: its application to health behavior and complementarity with motivational interviewing. *Int J Behav Nutr Phys Act*. 2012; 9:18.

98. Gagné M, Deci EL. Self-determination theory and work motivation. *Journal of Organizational Behavior*. 2005; 26(4): 331-362.

99. Black AE, Deci EL. The effects of instructors' autonomy support and students' autonomous motivation on learning organic chemistry: A self-determination theory perspective. *Science Education*. 2000; 84(6): 740-756.

100. Patall EA, Cooper H, Wynn SR. The effectiveness and relative importance of choice in the classroom. *Journal of Educational Psychology*. 2010; 102(4):896-915.

101. Cordova Dl, Lepper MR. Intrinsic motivation and the process of learning: Beneficial effects of contextualization, personalization, and choice. *Journal of Educational Psychology*. 1996; 88(4): 715-730.

102. Ryan RM, Rigby CS, Przybylski A. The motivational pull of video games: A self-determination theory approach. *Motivation and Emotion*. 2006; 30(4):347-363.

103. Vansteenkiste M, Lens W, Deci EL. Intrinsic versus extrinsic goal contents in self-determination theory: Another look at the quality of academic motivation. *Educational Psychologist*. 2006; 41(1): 19-31.

104. Vansteenkiste M, Timmermans T, Lens W, Soenens B, Van den Broeck A. Does Extrinsic Goal Framing Enhance Extrinsic Goal-Oriented Individuals' Learning and Performance? An Experimental Test of the Match Perspective Versus Self-Determination Theory. *Journal of Educational Psychology*. 2008; 100(2): 387-397.

105. Smith SM, Vela E. Environmental context-dependent memory: a review and meta-analysis. *Psychon Bull Rev*. 2001; 8(2): 203-20.

106. Smith SM, Glenberg A, Bjork RA. Environmental context and human memory. *Memory & Cognition*. 1978; 6(4): 342-353.

107. Roese NJ, Summerville A. What we regret most...and why. *Pers Soc*

Psychol Bull. 2005; 31(9): 1273-85.

108. Gruber MJ, Ranganath C. How Curiosity Enhances Hippocampus-Dependent Memory: The Prediction, Appraisal, Curiosity, and Exploration (PACE) Framework. *Trends Cogn Sci.* 2019; 23(12): 1014-1025.

109. Kidd C, Hayden BY. The Psychology and Neuroscience of Curiosity. *Neuron.* 2015; 88(3): 449-60.

110. Isaacson W. *Einstein: His Life and Universe.* Simon & Schuster; 2007.

111. Hayakawa S, Komine-Aizawa S, Naganawa S, Shimuzu K, Nemoto N. The death of Izanami, an ancient Japanese goddess: an early report of a case of puerperal fever. *Med Hypotheses.* 2006; 67(4): 965-8.

112. Yamada T, Yamada T, Yamamura MK, et al. Invasive group A streptococcal infection in pregnancy. *J Infect.* 2010; 60(6): 417-24.

113. 新村拓．日本医療史．吉川弘文館；2006.

114. 安川康介．Mythology in Kojiki: A Medical Perspective. *日本医史学雑誌 =Journal of the Japanese Society for the History of Medicine.* 2020; 66(3): 267-283.

115. Deci EL, Ryan RM, Williams GC. Need satisfaction and the self-regulation of learning. *Learning and Individual Differences.* 1996; 8(3): 165-183.

116. スコット・H・ヤング．ULTRA LEARNING 超・自習法——どんなスキルでも最速で習得できる９つのメソッド．小林啓倫．ダイヤモンド社；2020.

117. Gleick J. *Genius: The Life and Science of Richard Feynman.* Pantheon Books; 1992.

118. Froese AD, Carpenter CN, Inman DA, et al. Effects of classroom cell phone use on expected and actual learning. *College Student Journal.* 2012; 46(2): 323-332.

119. Ward AF, Duke K, Gneezy A, Bos MW. Brain Drain: The Mere Presence of One's Own Smartphone Reduces Available Cognitive Capacity. *Journal of the Association for Consumer Research.* 2017; 2(2): 140-154.

120. Wood W, Rünger D. Psychology of Habit. *Annual Review of Psychology.* 2016; 67(1): 289-314.

121. Bayer JB, Anderson IA, Tokunaga RS. Building and breaking social media habits. *Current Opinion in Psychology.* 2022; 45: 279-288.

122. Wamsley EJ. Offline memory consolidation during waking rest. *Nature Reviews Psychology.* 2022; 1(8): 441-453.

123. Raichle ME. The Brain's Default Mode Network. *Annual Review of Neuroscience.* 2015; 38(1): 433-447.

124. Vatansever D, Menon DK, Manktelow AE, Sahakian BJ, Stamatakis EA. Default Mode Dynamics for Global Functional Integration. *J Neurosci.* 2015; 35(46): 15254-62.

125. Panel CC. Recommended Amount of Sleep for a Healthy Adult: A Joint Consensus Statement of the American Academy of Sleep Medicine and Sleep Research Society. *Sleep.* 2015; 38(6): 843-844.

126. Chaput JP, Dutil C, Sampasa-Kanyinga H. Sleeping hours: what is the ideal number and how does age impact this? *Nat Sci Sleep.* 2018; 10: 421-430.

127. Rasch B, Born J. About sleep's role in memory. *Physiol Rev.* 2013; 93(2): 681-766.

128. Jenkins JG, Dallenbach KM. Obliviscence During Sleep and Waking. *The American Journal of Psychology.* 1924; 35: 605-612.

129. Klinzing JG, Niethard N, Born J. Mechanisms of systems memory consolidation during sleep. *Nature Neuroscience.* 2019; 22(10): 1598-1610.

130. Stickgold R. Sleep-dependent memory consolidation.*Nature.* 2005;

437(7063): 1272-1278.

131. Gais S, Lucas B, Born J. Sleep after learning aids memory recall. *Learn Mem*. 2006; 13(3): 259-62.

132. Bailes C, Caldwell M, Wamsley EJ, Tucker MA. Does sleep protect memories against interference? A failure to replicate. *PLoS One*. 2020; 15(2): e0220419.

133. Payne JD, Tucker MA, Ellenbogen JM, et al. Memory for semantically related and unrelated declarative information: the benefit of sleep, the cost of wake. *PLoS One* 2012; 7(3): e33079.

134. Fotuhi M, Do D, Jack C. Modifiable factors that alter the size of the hippocampus with ageing. *Nature Reviews Neurology*. 2012; 8(4): 189-202.

135. Kempermann G, Kuhn HG, Gage FH. More hippocampal neurons in adult mice living in an enriched environment. *Nature*. 1997; 386(6624): 493-495.

136. Verghese J, Lipton RB, Katz MJ, et al. Leisure Activities and the Risk of Dementia in the Elderly. *New England Journal of Medicine*. 2003; 348(25): 2508-2516.

137. Woollett K, Maguire EA. Acquiring "the Knowledge" of London's layout drives structural brain changes. Curr Biol. 2011; 21(24): 2109-14.

138. Draganski B, Gaser C, Kempermann G, et al. Temporal and Spatial Dynamics of Brain Structure Changes during Extensive Learning. *Journal of Neuroscience*. 2006; 26(23): 6314-6317.

139. Erickson Kl, Voss MW, Prakash RS, et al. Exercise training increases size of hippocampus and improves memory. *Proc Natl Acad Sci USA*. 2011; 108(7): 3017-22.

140. Chang YK, Labban JD, Gapin Jl, Etnier JL. The effects of acute exercise on cognitive performance: A meta-analysis. *Brain Research*. 2012; 1453:

87-101.

141. Roig M, Nordbrandt S, Geertsen SS, Nielsen JB. The effects of cardiovascular exercise on human memory: a review with meta-analysis. *Neurosci Biobehav Rev*. 2013; 37(8): 1645-66.

142. Erickson KI, Hillman C, Stillman CM, et al. Physical Activity, Cognition, and Brain Outcomes: A Review of the 2018 Physical Activity Guidelines. *Med Sci Sports Exerc*. 2019; 51(6): 1242-1251.

143. Szuhany KL, Bugatti M, Otto MW. A meta-analytic review of the effects of exercise on brain-derived neurotrophic factor. *J Psychiatr Res*. 2015; 60:56-64.

144. Miranda M, Morici JF, Zanoni MB, Bekinschtein P. Brain-Derived Neurotrophic Factor: A Key Molecule for Memory in the Healthy and the Pathological Brain. *Front Cell Neurosci*. 2019; 13: 363.

145. Binder DK, Scharfman HE. Brain-derived neurotrophic factor. Growth Facfors. 2004; 22(3): 123-31.

146. Lista I, Sorrentino G. Biological Mechanisms of Physical Activity in Preventing Cognitive Decline. *Cellular and Molecular Neurobiology*. 2010; 30(4): 493-503.

147. Khurshid S, Al-Alusi MA, Churchill TW, Guseh JS, Ellinor PT. Accelerometer-Derived "Weekend Warrior" Physical Activity and Incident Cardiovascular Disease. *JAMA*. 2023; 330(3): 247-252.

148. O'Donovan G, Lee I-M, Hamer M, Stamatakis E. Association of "Weekend Warrior" and Other Leisure Time Physical Activity Patterns with Risks for All-Cause, Cardiovascular Disease, and Cancer Mortality. *JAMA Internal Medicine*. 2017; 177(3): 335-342.

149. Ramirez G, Beilock SL. Writing About Testing Worries Boosts Exam Performance in the Classroom. *Science*. 2011; 331(6014): 211-213.

150. Pennebaker JW. Writing about Emotional Experiences as a Therapeutic

Process. *Psychological Science*. 1997; 8(3):162-166.

151. Ullrich PM, Lutgendorf SK. Journaling about stressful events: Effects of cognitive processing and emotional expression. *Annals of Behavioral Medicine*. 2002; 24(3): 244-250.